Die ultimative Frischvermähltenküche

100 einfache und gesunde Rezepte, um gemeinsam ins Leben zu starten und bleibende Erinnerungen in der Küche zu schaffen

Ute Martin

INHALTSVERZEICHNIS

ABSCHLUSS 231

EINFÜHRUNG

Egal, ob Sie ein frisch verheiratetes Paar sind oder Ihre Kochroutine auffrischen möchten, „ Die ultimative Frischvermähltenküche" ist das perfekte Kochbuch für Sie. Dieses Kochbuch enthält 100 einfache und gesunde Rezepte für die Ernährung von zwei Personen.

Vom Frühstück bis zum Abendessen und allem dazwischen finden Sie eine Vielzahl an Rezepten, die für jeden Anlass perfekt sind. Außerdem finden Sie hilfreiche Tipps zur Essensplanung, zum Lebensmitteleinkauf und zu Kochtechniken, die Ihre Zeit in der Küche angenehm und stressfrei gestalten.

Neben traditionellen Rezepten bietet Die ultimative Frischvermähltenküche auch Rezepte für besondere Anlässe wie romantische Abendessen zu zweit und Jubiläumsfeiern. Sie finden auch Rezepte für Mahlzeiten, die im Voraus zubereitet werden können und sich perfekt für vielbeschäftigte Paare eignen.

Jedes Rezept enthält Schritt-für-Schritt-Anleitungen und Nährwertangaben, sodass Sie sicher sein können, dass Sie eine gesunde Wahl treffen. Außerdem finden Sie Tipps zur Anpassung der Rezepte an Ihre Geschmacksvorlieben und Ernährungseinschränkungen.

Mit Die ultimative Frischvermähltenküche haben Sie alles, was Sie brauchen, um gesund und lecker in Ihr gemeinsames Leben zu starten.

1. Speck und geräucherte Austern

Zutaten:

- 2 Dose geräucherte Austern

- 1/4 Tasse leichtes Pflanzenöl

- 1/2 Pfund Speckstreifen

- 40 runde Zahnstocher aus Holz

- 3 EL Knoblauch, gehackt

Richtungen:
a) Speckstreifen dritteln.
b) Wickeln Sie eine Speckscheibe um jede Auster und stecken Sie einen Zahnstocher hinein, um sie an Ort und Stelle zu halten.
c) In einer mittelgroßen Pfanne Öl erhitzen und Knoblauch hinzufügen.
d) Eingewickelte Austern in Öl kochen, bis der Speck knusprig ist.
e) Aus der Pfanne nehmen und auf einem Papiertuch abtropfen lassen.

2. <u>Vorspeisen mit Blauschimmelkäse und Walnüssen</u>

Zutaten:
- 1 Tasse Walnüsse
- 1 Tasse zerbröselter Blauschimmelkäse
- 1 Ei mit 1 Leitungswasser verquirlt

Richtungen:

a) Hacken Sie einfach 1 Tasse Walnüsse (abhängig von der Größe des Brie, den Sie bedecken müssen) und rühren Sie 1 Tasse zerbröckelten Blauschimmelkäse unter. Auf die Oberseite des Brie drücken und vorsichtig ein Blatt aufgetauten Blätterteig einwickeln (auf die benötigte Größe ausrollen).

b) Versiegeln Sie die Unterseite des Teigs mit mit kaltem Wasser befeuchteten Fingern. Schneiden Sie überschüssiges Material ab, um Ausschnitte zu erhalten.

c) Mit Eimischung bestreichen.

d) Auf einem mit Backpapier bedeckten Backblech im 375-Grad-Ofen etwa 20 Minuten goldbraun backen. (Mit Pergament lässt sich Brie ganz einfach auf eine Servierplatte geben.) Lassen Sie den gebackenen Brie 20 bis 30 Minuten lang stehen. Vor dem Schneiden etwas fester werden lassen.

3. <u>Buffalo Wings mit Käsesauce</u>

Zutaten:
- 6 EL Butter oder Margarine
- 1/4 c Peperonisauce
- Pflanzenöl zum Braten
- 18 Hähnchenflügel, zerlegt

Blauschimmelkäse-Dip:
- 1/4 Pfund Blauschimmelkäse, Roquefort oder Gorgonzola
- 1/2 Tasse Mayonnaise
- 1/2 c Sauerrahm
- 1 EL Zitronensaft
- 1 EL Weinessig
- Scharfe Pfeffersauce nach Geschmack

Richtungen:

a) Butter in einem kleinen Topf schmelzen. Scharfe Soße hinzufügen und vom Herd nehmen.

b) In einer großen Bratpfanne oder Fritteuse 2,5 cm Öl auf 375 °C erhitzen. Die Flügel portionsweise ohne Überfüllung goldbraun braten, 12 1/2 Minuten. Auf Papiertüchern abtropfen lassen.

c) Flügel mit würziger Butter bestreichen. Warm mit Blauschimmelkäse-Dip servieren.

d) Für Blauschimmelkäse-Dip:

e)

f) Den Blauschimmelkäse in einer kleinen Schüssel zerdrücken, so dass einige kleine Klumpen übrig bleiben. Die Mayonnaise unterrühren, bis alles vermischt ist. Sauerrahm, Zitronensaft hinzufügen,

g) Weinessig und scharfe Pfeffersauce; verquirlen, bis alles gut vermischt ist.

h) Abdecken und bis zum Servieren im Kühlschrank aufbewahren

4. Kaviar-Herzküsse

Zutaten:

- 1 Gurke, geschrubbt und geputzt
- 1/3 Tasse Sauerrahm
- 1 TL getrocknetes Dillkraut
- Frisch gemahlener schwarzer Pfeffer nach Geschmack
- 1 Glas roter Lachskaviar
- Frische Dillzweige
- 8 dünne Scheiben Vollkornbrot
- Butter oder Margarine

Richtungen:

a) Gurke in 1/4-Zoll-Runden schneiden.

b) In einer kleinen Schüssel Sauerrahm, getrockneten Dill und Pfeffer vermischen. Auf jede Gurkenscheibe einen Teelöffel der Sauerrahmmischung geben. Jeweils mit etwa einem halben Teelöffel Kaviar und einem Dillzweig garnieren.

c) Schneiden Sie Brotscheiben mit einem herzförmigen Ausstecher. Toast und Butter. Gurkenscheiben in die Mitte des Serviertellers legen und mit Toastherzen umgeben.

5. Cheddar- und Brokkoli-Vorspeisen

Zutaten:

- 8 Unzen Vollkornmais; entwässert
- 1/4 c Zwiebel; gehackt
- 1/2 c Walnüsse; grob gehackt
- 1/2 c Milch
- 1/4 c Butter; geschmolzen
- 2 Eier
- 1/2 c Bisquick
- 1/4 TL Knoblauchsalz
- 1 c Cheddar-Käse; geschreddert
- 10 Unzen gefrorener gehackter Brokkoli

Richtungen:

a) Heizen Sie den Ofen auf 375 °C vor. Fetten Sie eine 9 x 9 x 2 Zoll große Pfanne ein.

b) Brokkoli, Mais, Zwiebeln und Walnüsse mischen. In die Pfanne geben.

c) Milch, Butter, Eier, Keks und Knoblauchsalz 15 Sekunden lang glatt rühren. Im Mixer auf höchster Stufe stellen und den Mixer bei Bedarf häufig anhalten, um die Seiten abzukratzen, oder 1 Minute lang. mit Elektromixer auf höchster Stufe. Gleichmäßig in die Pfanne gießen.

d) 23–25 Minuten backen, bis das in der Mitte eingeführte Messer sauber herauskommt; mit Käse bestreuen.

e) 2-3 Minuten länger backen, bis der Käse geschmolzen ist. 30 Minuten abkühlen lassen. In Dreiecke oder Quadrate schneiden. Ergibt 30 Vorspeisen.

6. <u>Käse- und Wurstsnacks</u>

Zutaten:
- 1 Rolle Wurstfleisch
- 1 spanische Zwiebel, fein gehackt
- 1 Pfund geriebener Cheddar-Käse
- 3 c Bisquick
- 3/4 c Milch

Richtungen:
a) Wurstfleisch und Zwiebel im Mixer pürieren. Cheddar, Bisquick und Milch hinzufügen und gut vermischen.

b) Lassen Sie den Teelöffel auf ein gefettetes Backblech fallen und backen Sie ihn 10 bis 15 Minuten lang bei 200 °C (425 Grad Fahrenheit), oder bis er braun ist.

7. <u>Mit Muscheln gefüllte Pilzkapseln</u>

Zutaten:

- 1/2 c Butter
- 2 Pfund Pilze, 1 1/2 bis 2 Zoll im Durchmesser
- 1 c Gehackte Muscheln mit Flüssigkeit
- 1 Knoblauchzehe, gehackt
- 1/2 c getrocknete Semmelbrösel
- 1/3 c Petersilie, gehackt
- 3/4 TL Salz
- 1/4 TL gemahlener schwarzer Pfeffer
- Zitronensaft

Richtungen:

a) Butter im Topf schmelzen.

b) Pilzstiele entfernen und würfeln. Pilzkappen in Butter tauchen und mit der abgerundeten Seite nach unten auf ein Backblech legen.

c) Muscheln abgießen und Flüssigkeit auffangen.

d) In zerlassener Butter Pilzstiele und Knoblauch anbraten. Muschelflüssigkeit hinzufügen und köcheln lassen, bis die Pilzstiele weich sind. Vom Herd nehmen und Semmelbrösel, Petersilie, Salz und Pfeffer unterrühren.

e) Die Mischung in die Pilzkappen geben. Bei etwa 15 cm großer Hitze ca. 8 Minuten braten, bis die Pilze zart und die Oberseite leicht gebräunt sind. Geben Sie jeweils ein paar Tropfen Zitronensaft darüber und servieren Sie sie heiß.

8. <u>Hähnchen in seidiger Mandelsauce</u>

Zutaten:

- 16 Stück Hähnchen ohne Haut
- 5 mittelgroße Zwiebeln in dünne Scheiben schneiden
- 2 Esslöffel Pflanzenöl
- 6 Esslöffel blanchierte gemahlene Mandeln
- 3 Esslöffel gemahlener Koriander
- 2 Esslöffel gehackter frischer Ingwer
- 2 Teelöffel gemahlener Kardamom
- 1 Teelöffel grobes Salz
- 2 Teelöffel gemahlener roter Pfeffer
- 1 Teelöffel gemahlener Kreuzkümmel
- 1/2 Teelöffel gemahlener Fenchel
- 1/2 Tasse Pflanzenöl
- 2 c Naturjoghurt
- 1 Tasse Wasser
- frischer Koriander (Beilage)

Richtungen:

a) Hähnchen trocken tupfen.

b) Erhitzen Sie 2 Esslöffel Pflanzenöl in einer schweren großen Pfanne bei mittlerer bis hoher Hitze.

c) Fügen Sie das Hähnchen portionsweise hinzu und braten Sie es von allen Seiten an, bis es nicht mehr rosa ist (nicht braun wird).

d) Mit einem Schaumlöffel herausnehmen und beiseite stellen.

e) 1/2 Tasse Pflanzenöl in der Pfanne erhitzen. In Scheiben geschnittene Zwiebeln dazugeben und unter ständigem Rühren ca. 10 Minuten braten, bis sie welk und hellbraun sind.

f) Mandeln, Koriander, Ingwer, Kardamom, Salz, gemahlenen roten Pfeffer, Kreuzkümmel und Fenchel unterrühren und weitere 3 bis 5 Minuten kochen lassen. Die Mischung vom Herd nehmen.

g) Geben Sie die Hälfte der Mischung in eine Küchenmaschine oder einen Mixer. Mit der Hälfte des Joghurts und der Hälfte des Wassers pürieren.

h) Mit der restlichen Mischung, Joghurt und Wasser wiederholen.

i) Soße zurück in die Pfanne gießen.

j) Hähnchen in die Pfanne geben. Bei mittlerer bis hoher Hitze erhitzen und zum Kochen bringen.

k) Hitze reduzieren, abdecken und etwa 45 Minuten köcheln lassen, bis das Huhn zart und die Soße eingedickt ist.

l) Vom Herd nehmen. Bei Zimmertemperatur ca. 30 Minuten stehen lassen.

m) Auf eine Servierplatte geben, mit Koriander garnieren und sofort servieren.

9. Steak mit Estragonpilzen

Zutaten:

Steaks

- 1 Teelöffel Rapsöl
- 2 1 ½ Zoll dicke Filet-Mignon-Steaks, auch bekannt als Big Sexy Steaks, insgesamt 12 bis 14 Unzen
- Jeweils ½ Teelöffel koscheres Salz und frisch gemahlener Pfeffer
- 1 große Schalotte, gehackt
- ½ Teelöffel gehackter frischer Thymian
- 1/4 Tasse süßer Wermut
- 3/4 Tasse natriumreduzierte Hühner- oder Rinderbrühe
- ½ Teelöffel Maisstärke oder Pfeilwurz

Estragonpilze

- 2 Teelöffel natives Olivenöl extra
- 2 geschnittene Frühlingszwiebeln, weiße und grüne Teile getrennt
- 4 Tassen geschnittene gemischte Pilze, wild, Shiitake und/oder weiß
- ¼ Teelöffel Salz
- ½ Teelöffel gehackter frischer Estragon

Richtungen:

a) Den Ofen auf 425 Grad F vorheizen.

b) Rapsöl in einer mittelschweren ofenfesten Pfanne erhitzen. In der Zwischenzeit die Steaks mit koscherem Salz und Pfeffer bestreuen. Wenn das Öl schimmert, die Steaks hinzufügen und ca. 5 Minuten garen, bis die Unterseite tief gebräunt ist. Drehen Sie die Steaks um, stecken Sie ein ofenfestes Fernthermometer in die Mitte eines Steaks (falls verwendet) und stellen Sie die Pfanne in den Ofen.

c) 8 bis 11 Minuten lang rösten, bis die Steaks eine Temperatur von 130 Grad F haben. Legen Sie die Steaks auf einen Teller und zelten Sie sie mit Folie, um sie warm zu halten.

d) Stellen Sie die Pfanne auf mittlere bis hohe Hitze. Seien Sie vorsichtig, der Griff wird heiß sein!! Schalotte und Thymian in die Pfanne geben und unter Rühren ca. 30 Sekunden kochen, bis die Schalotte gebräunt ist. Wermut dazugeben und köcheln lassen, bis er fast auf die Hälfte reduziert ist. Die Maisstärke in die Brühe einrühren und in die Pfanne geben. Unter Rühren zum Kochen bringen. Kochen, bis es leicht eingedickt und auf etwa eine halbe Tasse reduziert ist. Vom Herd nehmen.

e) Während die Steaks braten, erhitzen Sie das Olivenöl in einer großen Pfanne bei mittlerer bis hoher Hitze. Frühlingszwiebeln, Pilze und Salz dazugeben und unter gelegentlichem Rühren 6 bis 8 Minuten lang kochen, bis die Pilze braun werden und der Saft verdunstet ist. Frühlingszwiebeln und Estragon unterrühren und vom Herd nehmen.

f) Steaks mit Wermutsauce und Pilzen servieren.

10. Teriyaki-Lachsschalen im Slow Cooker

Zutaten:

- 4 Zitronengrasstiele, gequetscht und in 10 cm große Stücke geschnitten
- 1 Fenchelknolle (ca. 14 Unzen), in Scheiben geschnitten
- 4 Frühlingszwiebeln, quer halbiert
- 1/3 Tasse Wasser
- 1/3 Tasse trockener Weißwein
- 1 (2 Pfund) mittig geschnittenes Lachsfilet mit Haut
- 2 1/2 Teelöffel koscheres Salz, geteilt
- 1 Teelöffel schwarzer Pfeffer, geteilt
- 12 Unzen Rosenkohl, geviertelt
- 2 Esslöffel Olivenöl, geteilt
- 6 Unzen Shiitake-Pilzkappen, in Scheiben geschnitten
- 1/2 Tasse Ananassaft
- 2 Esslöffel Sojasauce
- 1 Esslöffel brauner Zucker
- 1 Teelöffel Maisstärke
- 1 Teelöffel Sesamkörner
- 3 Tassen gekochter brauner Reis
- 1 Tasse Streichholzkarotten
- Limettenschnitze zum Servieren

Richtungen:

a) Falten Sie ein 30 x 18 Zoll großes Stück Pergamentpapier der Länge nach in zwei Hälften. Nochmals quer zur Hälfte falten (kurzes Ende auf kurzes Ende), sodass ein 4 Lagen dickes Stück entsteht. Legen Sie gefaltetes Pergament auf den Boden eines 6-Liter-Slow-Cookers und lassen Sie die Enden teilweise nach oben ragen.

b) Die Hälfte des Zitronengrases, des Fenchels und der Frühlingszwiebeln in einer gleichmäßigen Schicht auf Pergament im Slow Cooker verteilen. Wasser und Wein hinzufügen. Lachs mit 1 Teelöffel Salz und 1/2 Teelöffel Pfeffer bestreuen; Auf die Zitronengrasmischung legen. Den Lachs mit restlichem Zitronengras, Frühlingszwiebeln und Fenchel belegen. Abdecken und auf HOCH stellen, bis der Lachs mit einer Gabel leicht zerfällt, 1 bis 2 Stunden lang. Heben Sie den Lachs mit Backpapier als Griffe aus dem Slow Cooker und lassen Sie die Flüssigkeit abtropfen. Die Mischung im Slow Cooker entsorgen. Lachs beiseite stellen.

c) Ofen auf 425°F vorheizen. Rosenkohl mit 1 Esslöffel Olivenöl, 1 Teelöffel koscherem Salz und 1/2 Teelöffel schwarzem Pfeffer auf einem Backblech mit Rand vermengen. Im vorgeheizten Ofen 20 bis 25 Minuten backen, bis sie weich und knusprig sind. Den restlichen 1 Esslöffel Olivenöl in einer Pfanne auf mittlerer bis hoher Stufe erhitzen und die Pilze und den restlichen 1/2 Teelöffel koscheres Salz 3 bis 4 Minuten lang kochen, bis sie weich sind. Pilze mit Rosenkohl auf das Backblech geben; Wischen Sie die Pfanne sauber.

d) Ananassaft, Sojasauce, braunen Zucker und Maisstärke in einer Pfanne bei mittlerer Hitze unter ständigem Rühren ca. 3 Minuten kochen, bis die Masse eingedickt ist. Etwa 1 1/4 Pfund gekochten Lachs mit 1/4 Tasse Soße bestreichen; Mit Sesamkörnern bestreuen.

e) Lachs mit Pilzen und Rosenkohl auf ein Backblech legen; Bei hoher Hitze etwa 15 cm von der Hitze entfernt grillen, bis die Glasur eingedickt ist, etwa 2 Minuten.

f) Den braunen Reis auf 4 Schüsseln verteilen. Gleichmäßig mit Lachs, Rosenkohl, Pilzen und Streichholzkarotten belegen. Mit der restlichen Soße beträufeln; Mit Limettenspalten servieren.

11. <u>Gebratene Hähnchenviertel aus Ahornholz</u>

Zutaten:

- 2 Esslöffel Olivenöl
- 2 große Hähnchenviertel oder 4 Hähnchenschenkel, trocken getupft und mit Salz eingerieben (vorzugsweise koscher)
- 2 Karotten, geschält und in Viertel geschnitten
- 1 große Kartoffel, geschält und in Würfel geschnitten
- 1 kleine Zwiebel, in Scheiben geschnitten
- 6 Knoblauchzehen, ungeschält
- 1 Teelöffel Salz (koscher bevorzugt)
- 2 Esslöffel reiner Ahornsirup
- 1 Esslöffel frische Thymianblätter

Richtungen:

a) Den Ofen auf 220 °C (425 °F) vorheizen. Halten Sie eine kleine Auflaufform oder eine 8x8-Pfanne bereit.

b) In einer großen Pfanne bei mittlerer Hitze 1 Esslöffel Öl erhitzen. Sobald es heiß ist, die Hähnchenteile mit der Hautseite nach unten hinzufügen und 5 Minuten lang anbraten. Wenden und auf der anderen Seite 5 Minuten bräunen.

c) In der Zwischenzeit die Karotten, Kartoffeln, Zwiebeln und Knoblauch in eine große Schüssel geben und mit dem restlichen 1 Esslöffel Öl und Salz vermischen. Gleichmäßig auf dem Boden der Backform verteilen.

d) Sobald das Huhn fertig gebräunt ist, legen Sie es mit der Hautseite nach oben auf das Gemüse. Gleichmäßig mit Ahornsirup bestreichen und mit Thymian bestreuen.

e) 35–45 Minuten backen oder bis die Innentemperatur 74 °C (165 °F) erreicht. Wenn das Hähnchen vor dem Gemüse fertig ist, nehmen Sie das Hähnchen heraus und kochen Sie das Gemüse weitere 5–10 Minuten oder bis es weich ist.

12. Spinat-Artischocken-Steak-Roll-Ups

ZUTATEN
- 1 Pfund Flanksteak
- 1 15,5 oz. Dose Artischockenherzen, abgetropft und gehackt
- 2 c. Babyspinat, gehackt
- 2 Knoblauchzehen, gehackt
- 1 c. Ricotta
- 1/2 c. geriebener weißer Cheddar
- koscheres Salz
- Frisch gemahlener schwarzer Pfeffer

Richtungen:

a) Backofen auf 350° vorheizen. Legen Sie das Schmetterlingssteak auf ein Schneidebrett und formen Sie es zu einem langen, flach aufliegenden Rechteck.

b) In einer mittelgroßen Schüssel Artischocken, Spinat, Knoblauch, Ricotta und Cheddar vermischen und großzügig mit Salz und Pfeffer würzen.

c) Steak mit Spinat-Artischocken-Dip bestreichen. Das Steak fest aufrollen, dann in Scheiben schneiden und backen, bis das Steak den gewünschten Gargrad erreicht hat, 23 bis 25 Minuten bei mittlerer Hitze. Mit angerichtetem Gemüse servieren.

13. Pasta mit Auberginen, Burrata und Minze

Zutaten

- 1/4 Tasse natives Olivenöl extra
- 1 Esslöffel zerstoßener roter Pfeffer
- 2 Knoblauchzehen, in dünne Scheiben geschnitten
- 1 große Aubergine, in 2,5 cm große Würfel geschnitten (ca. 2 Tassen)
- 1 Pfund ungekochte Rigatoni-, Ziti- oder Orecchiette-Nudeln
- 8 Unzen frischer Burrata- oder Mozzarella-Käse
- 1/2 Tasse zerrissene frische Minze, plus mehr zum Servieren
- 1 Teelöffel Zitronenschale, plus 1 Esslöffel frischer Zitronensaft (von 1 Zitrone)

Richtungen:

a) Öl in einer großen Pfanne auf mittlerer Stufe erhitzen. Zerdrückte rote Paprika und Knoblauch hinzufügen; kochen, bis es duftet, etwa 2 Minuten. Auberginen dazugeben und unter gelegentlichem Rühren ca. 20 Minuten braten, bis sie braun sind.

b) In der Zwischenzeit die Nudeln in kochendem Salzwasser nach Packungsanweisung al dente kochen. Nudeln abtropfen lassen und 1 Tasse Kochwasser auffangen. Gekochte Nudeln in eine Servierschüssel geben; Auberginenmischung hinzufügen. Geben Sie langsam das zurückbehaltene Kochwasser hinzu und rühren Sie es um, bis es bedeckt ist. Frische Burrata über der Schüssel in Stücke reißen (um die Käsecreme aufzufangen) und zerrissene frische Minze, Zitronenschale und Zitronensaft hinzufügen. Zum Kombinieren vermischen. Bei Bedarf Salz nach Geschmack hinzufügen. Top-Portionen mit zusätzlicher Minze.

14. <u>Geschmorte Fleischbällchen und Kartoffelpüree</u>

Zutaten

Für die Fleischbällchen

- 1 Pfund Hackfleisch
- 1 Pfund Schweinehackfleisch
- 2 große Eier
- ½ Tasse einfache Semmelbrösel
- ½ Tasse Parmesankäse gerieben
- 1 Teelöffel Salz
- ½ Teelöffel schwarzer Pfeffer
- ½ Teelöffel zerstoßene rote Paprikaflocken
- ¼ Tasse frische Petersilie gehackt
- 1 Esslöffel frischer Oregano gehackt
- 2 Knoblauchzehen gehackt
- 3 Esslöffel Olivenöl

Für die Soße

- 1 mittelgroße Schalotte gehackt
- 2 Knoblauchzehen gehackt
- 3 Esslöffel Mehl
- 2 Tassen Hühner- oder Rinderbrühe
- ½ Teelöffel Salz
- ½ Teelöffel schwarzer Pfeffer
- 2 Teelöffel Worcestershire-Sauce
- Für das geröstete Knoblauchkartoffelpüree
- 4 große Backkartoffeln geschält und gewürfelt
- 5 Esslöffel ungesalzene Butter
- ¼ Tasse Buttermilch
- 1 Teelöffel Salz
- ¾ Teelöffel schwarzer Pfeffer
- ½ Tasse Parmesankäse gerieben
- 8 Knoblauchzehen geschält
- 1 Esslöffel Olivenöl

Für den gerösteten Grünkohl

- 4 Tassen frisch gehackter Grünkohl
- 2 Esslöffel Olivenöl
- ½ Teelöffel Salz
- ½ Teelöffel schwarzer Pfeffer
- ½ Teelöffel zerstoßene rote Paprikaflocken

Richtungen:

a) Ofen auf 375°F vorheizen.

b) Für die Fleischbällchen in einer großen Schüssel Hackfleisch, Eier, Semmelbrösel, Parmesankäse, Salz, Pfeffer, rote Pfefferflocken, Petersilie, Oregano und Knoblauch vermischen. Mit den Händen verrühren, bis alles gleichmäßig vermischt ist. Formen Sie aus dem Fleisch kleine Kugeln in der Größe von Golfbällen (aber etwas kleiner). Erhitzen Sie einen großen, robusten Topf bei mittlerer Hitze. Geben Sie das Olivenöl hinzu und braten Sie die Fleischbällchen portionsweise an. Auf der ersten Seite etwa 3 bis 4 Minuten braten, bis es knusprig und goldbraun ist, dann umdrehen und weitere 2 bis 3 Minuten braten. Auf einen Teller geben und die restlichen Fleischbällchen weitergaren.

c) Sobald alles gar ist, nehmen Sie alles bis auf einen Esslöffel Olivenöl aus dem Topf. Schalotte und Knoblauch dazugeben und etwa 5 Minuten anbraten, bis sie weich sind. Mehl einrühren und eine Minute kochen lassen. Unter ständigem Rühren langsam die Hühnerbrühe zugießen, bis sich die Mehlschwitze vollständig aufgelöst hat. Reduzieren Sie die Hitze und kochen Sie es, bis es sprudelt und dick ist. Mit Salz, Pfeffer und Worcestershire-Sauce würzen. Reduzieren Sie die Flamme auf die niedrigste Stufe, geben Sie die Fleischbällchen zurück in den Topf und legen Sie sie in die Soße. Etwa 15 bis 20 Minuten köcheln lassen, halb abgedeckt mit einem Deckel.

d) Um die Kartoffeln zuzubereiten, wickeln Sie die Knoblauchzehen mit Olivenöl und einer Prise Salz und schwarzem Pfeffer in Folie ein. Im Ofen etwa 20 bis 25 Minuten rösten. Die Kartoffeln in einen mittelgroßen Topf geben und mit kaltem Wasser bedecken. Zum Kochen bringen und etwa 15 bis 20 Minuten kochen lassen, bis es weich ist. Abgießen und zurück in den Topf geben. Butter, Buttermilch, Salz, Pfeffer, gerösteten Knoblauch und Parmesan hinzufügen. Pürieren, bis eine glatte Masse entsteht. Auf dem Herd bei schwacher Hitze warm halten.

e) Um den Grünkohl zuzubereiten, legen Sie den Grünkohl auf ein Backblech und vermengen Sie ihn mit Olivenöl, Salz, Pfeffer und roten Pfefferflocken. Auf einer gleichmäßigen Schicht verteilen und etwa 10 bis 15 Minuten rösten, bis es verkohlt und knusprig ist.

f) Zum Servieren die Kartoffeln auf die Teller geben und mit dem gerösteten Grünkohl belegen. Legen Sie ein paar Fleischbällchen auf den Grünkohl und geben Sie die Soße darüber. Mit gehackter frischer Petersilie garnieren. Genießen!

15. <u>Verlobungshähnchennudeln</u>

Zutaten

- 6 Unzen getrocknete Spaghetti
- 4 Esslöffel ungesalzene Butter
- 10 Zweige frischer Thymian
- 10 Unzen geschnittene Pilze
- frisch gemahlener schwarzer Pfeffer
- Salz
- 2 kleine Hähnchenbrust
- 2 Teelöffel Olivenöl
- 1/2 Tasse trockener Weißwein
- 4 Unzen Frischkäse, weich

Richtungen:

a) Bringen Sie einen großen Topf mit Salzwasser zum Kochen und kochen Sie die Spaghetti-Nudeln.

b) In der Zwischenzeit in einer großen, nicht beschichteten Pfanne Butter und Thymian bei mittlerer Hitze schmelzen.

c) Die in Scheiben geschnittenen Pilze in die Pfanne geben und umrühren, bis sie mit Butter bedeckt sind. Lassen Sie sie einige Minuten ungestört kochen, damit sich eine schöne Kruste bildet. Umrühren und wiederholen, bis die Pilze goldbraun sind. Es dauert etwa 15 Minuten.

d) Nehmen Sie die Pilze mit einem Schaumlöffel aus der Pfanne und lassen Sie Butter und Thymian in der Pfanne. Das Öl in die Pfanne geben.

e) Beide Seiten der Hähnchenbrust salzen und pfeffern.

f) Erhöhen Sie die Hitze auf mittlere bis hohe Stufe und braten Sie die Hähnchenbrüste auf beiden Seiten in derselben Pfanne an, in der sich auch die Pilze befanden. Nochmals ungestört garen lassen, sodass sich eine schöne Kruste bildet. Wenn das Hähnchen an der Pfanne kleben bleibt, liegt das daran, dass die erste Seite noch nicht angebraten ist. Es löst sich auf, wenn es goldbraun ist.

g) Nehmen Sie das Hähnchen aus der Pfanne und decken Sie es ab, damit es warm bleibt.

h) Reduzieren Sie die Hitze auf niedrig und fügen Sie den gesamten Wein hinzu

i) Lassen Sie den Wein etwas einkochen, während Sie mit einem Holzlöffel den Boden der Pfanne abschaben, um alle braunen Stücke in den Wein zu bekommen.

j) Den Frischkäse würfeln und in eine große Schüssel geben.

k) Werfen Sie die Thymianzweige aus der Pfanne, gießen Sie dann den heißen Wein über den Frischkäse und rühren Sie, bis er schmilzt.

l) Wenn die Nudeln fertig sind, abtropfen lassen und sofort über die Wein-Frischkäse-Mischung gießen. Die Nudeln schmelzen lassen und die Frischkäsesauce gleichmäßig verteilen.

m) Die Pilze in die Nudelschüssel rühren.

n) Das Hähnchen in Scheiben schneiden und darauf servieren.

16. <u>Surfen und Rasen für zwei</u>

Zutaten

Für die Steaks und Gewürze:
- 2, 8 Unzen Filet-Mignon-Steaks, 2 Zoll dick geschnitten
- 3/4 Esslöffel Steinsalz
- 1-1/2 Teelöffel schwarze Pfefferkörner
- 1/2 Teelöffel getrockneter gehackter Knoblauch
- 1/2 Teelöffel getrocknete gehackte Zwiebel
- große Prise Fenchelsamen
- kleine Prise rote Chiliflocken
- Mit nativem Olivenöl extra beträufeln
- 2 Esslöffel Butter

Für die Pfannensoße:
- 1 Esslöffel gehackte Schalotte
- 1 Knoblauchzehe, zerdrückt und geschält
- 1 Zweig frischer Rosmarin
- 1/2 Tasse Rotwein, wie Cabernet
- 1 Tasse natriumarme Rinderbrühe
- 1 Esslöffel Butter
- Für die Jakobsmuscheln:
- 1 Esslöffel Butter
- 1 Esslöffel natives Olivenöl extra
- 6 große Jakobsmuscheln
- Salz und Pfeffer

Richtungen:

a) Legen Sie das Steak auf einen Teller auf der Arbeitsplatte, um es etwa 30 Minuten lang aufzuwärmen, bevor Sie mit dem Garen beginnen. Backofen auf 400 Grad vorheizen.

b) Für die Steaks: Steinsalz, Pfefferkörner, getrockneten Knoblauch, getrocknete Zwiebeln, Fenchel und rote Chiliflocken in einen Mörser und Stößel geben und die Gewürze grob zerstoßen. Alternativ können Sie auch eine Gewürzmühle verwenden oder stattdessen Ihr Lieblings-Steak-Rub aus dem Laden verwenden. Die Oberseite der Steaks mit nativem

Olivenöl extra beträufeln, dann die Gewürzmischung großzügig darüber streuen und die Steaks damit einreiben. Auf der anderen Seite wiederholen.

c) Erhitzen Sie eine große, ofenfeste Gusseisenpfanne oder eine Bratpfanne mit starkem Boden bei mittlerer bis hoher Hitze, bis sie sehr heiß ist, und geben Sie dann Butter hinzu. Nach dem Schmelzen die Steaks dazugeben und 2 Minuten anbraten, bis sich auf dem Boden eine goldbraune Kruste gebildet hat. Drehen Sie die Steaks um, stellen Sie dann die gesamte Pfanne in den Ofen und braten Sie sie 10 Minuten lang, bis sie einen mittleren Gargrad haben (passen Sie die Bratzeit je nach Dicke Ihrer Steaks nach oben oder unten an – unsere waren 5 cm dick). Legen Sie die Steaks auf einen Teller, um sie ruhen zu lassen, während Sie den Rest zubereiten des Gerichts.

d) Für die Pfannensauce: Stellen Sie die heiße Pfanne wieder auf mittlere bis hohe Hitze, geben Sie dann Schalotten hinzu und braten Sie sie 30 Sekunden lang an. Rosmarin, Knoblauch und Wein hinzufügen und köcheln lassen, bis der Wein auf die Hälfte reduziert ist. Rinderbrühe hinzufügen und 7–9 Minuten köcheln lassen, bis die Soße eingedickt und eingedickt ist. Butter hinzufügen, abschmecken, bei Bedarf Salz und Pfeffer hinzufügen und dann beiseite stellen.

e) Für die Jakobsmuscheln: Jakobsmuscheln zwischen Schichten von Papiertüchern sehr trocken tupfen und dann auf beiden Seiten mit Salz und Pfeffer würzen. Butter und natives Olivenöl extra in einer großen Pfanne bei mittlerer bis hoher Hitze schmelzen, dann Jakobsmuscheln hinzufügen und 90 Sekunden lang anbraten. Wenden und dann weitere 90 Sekunden anbraten.

f) Steaks und Jakobsmuscheln auf zwei Tellern anrichten, dann die Pfannensoße über die Steaks träufeln und servieren.

17. <u>Hummer-Nudel-Auflauf</u>

Zutaten

- 2 frische Hummer
- 3 Esslöffel Salz
- 1/2 Teelöffel Salz
- 3 Esslöffel Butter
- 1 Schalotte
- 1 Esslöffel Tomatenmark
- 3 Knoblauchzehen
- 1/4 c. Brandy
- 1/2 c. Schlagsahne
- Teelöffel frisch gemahlener schwarzer Pfeffer
- 1/2 Pfund Eiernudeln
- 1 Esslöffel frischer Zitronensaft
- 6 Zweige Thymian

Richtungen:

a) Kochen Sie die Hummer:

b) Füllen Sie eine große Schüssel zur Hälfte mit Eis und Wasser und stellen Sie sie beiseite. Bringen Sie einen großen Topf Wasser und 3 Esslöffel Salz zum Kochen und tauchen Sie die Hummer mit einer langstieligen Zange kopfüber ins Wasser. Reduzieren Sie die Hitze auf eine niedrige Stufe und kochen Sie es abgedeckt 4 Minuten lang. Lassen Sie die Hummer abtropfen und legen Sie sie zum Abkühlen in das vorbereitete Eisbad. Die Schalen aufbrechen und das Schwanz- und Krallenfleisch entfernen. Bewahren Sie die Muscheln auf. Das Schwanzfleisch in 1/2 Zoll dicke Medaillons und das Klauenfleisch in große Stücke schneiden und beiseite stellen.

c) Aufläufe backen:

d) Ofen auf 350°F vorheizen. Vier Backformen mit je 1 Tasse Fassungsvermögen oder eine runde 9-Zoll-Backform leicht mit 1 Esslöffel Butter bestreichen und beiseite stellen. Die restliche Butter in einer mittelgroßen Pfanne bei mittlerer Hitze schmelzen.

e) Die Schalotte dazugeben und weich kochen. Die zurückbehaltenen Schalen, das Tomatenmark und den Knoblauch hinzufügen und unter ständigem Rühren 5 Minuten kochen lassen.

f) Stellen Sie die Pfanne vom Herd weg und geben Sie den Brandy hinzu. Zurück zum Herd stellen und die Mischung unter ständigem Rühren zum Kochen bringen. Reduzieren Sie die Hitze auf mittlere Stufe, fügen Sie 1 1/2 Tassen Wasser hinzu und lassen Sie es etwa 15 Minuten köcheln, bis es leicht eingedickt ist. Die Mischung abseihen und die Sahne, das restliche Salz und den Pfeffer hinzufügen.

g) Eiernudeln, Hummerfleisch und Zitronensaft hinzufügen und vermengen. Die Mischung gleichmäßig auf die vorbereiteten Backformen verteilen, mit Folie abdecken und backen, bis der Hummer gar ist und die Nudeln heiß sind – etwa 20 Minuten.

h) Mit Thymianzweigen garnieren und sofort servieren.

18. <u>Risotto mit Hühnchen und Frühlingserbsen</u>

Zutaten

- 1 Esslöffel Olivenöl
- ¼ Tasse gehackte Zwiebel
- 1 Knoblauchzehe, gehackt
- ½ Tasse ungekochter Arborio-Reis
- 2 ¼ Tassen Hühner- oder Gemüsebrühe
- ½ Tasse lose verpackte gefrorene kleine oder normalgroße Erbsen
- 2 Esslöffel grob geraspelte Karotte
- ⅔ Tasse zerkleinertes gekochtes Hühnchen
- 1 Tasse frischer Spinat, zerkleinert
- 2 Esslöffel geriebener Parmesankäse (1 Unze)
- 1 Teelöffel gehackter frischer Thymian

Richtungen:

a) In einem großen Topf Öl bei mittlerer Hitze erhitzen. Zwiebel und Knoblauch hinzufügen; kochen, bis die Zwiebel weich ist. Den ungekochten Reis hinzufügen. Etwa 5 Minuten kochen und umrühren, bis der Reis goldbraun ist.

b) In der Zwischenzeit die Brühe in einem mittelgroßen Topf zum Kochen bringen; Reduzieren Sie die Hitze, damit die Brühe weiter köchelt. Unter ständigem Rühren vorsichtig eine halbe Tasse Brühe zur Reismischung geben. Weiter kochen und bei mittlerer Hitze rühren, bis die Flüssigkeit aufgesogen ist. Eine weitere halbe Tasse Brühe unter ständigem Rühren zur Reismischung geben. Weiter kochen und rühren, bis die Flüssigkeit aufgesogen ist. Fügen Sie jeweils 1/4 Tasse weitere 1/2 Tasse Brühe hinzu und rühren Sie dabei ständig um, bis die Brühe aufgesogen ist. (Dies sollte insgesamt 18 bis 20 Minuten dauern.)

c) Restliche Brühe, Erbsen und Karotte unterrühren. Kochen und rühren, bis der Reis leicht fest (al dente) und cremig ist.

d) Hühnchen, Spinat, Parmesankäse und Thymian unterrühren; Wärme durch. Sofort servieren.

19. <u>Lammfleisch mit Senfkruste</u>

ZUTATEN

- 1 neuseeländischer Lammrippenbraten (Lammkarree), 8 Rippchen
- Salz und Pfeffer
- 3 Esslöffel Dijon-Senf mit Samen
- 2 Esslöffel gehackte frische Minze oder Basilikumblätter
- 4 Esslöffel gehackte Schalotten
- 1/4 c. Panko (japanische Semmelbrösel)
- 3 kleine rote Kartoffeln
- 2 Esslöffel Wasser
- 1/2 Bund Broccoli Rabe
- 1 Teelöffel Olivenöl
- 3 Esslöffel fettarme saure Sahne

Richtungen:

a) Ofen auf 425 Grad vorheizen. Lammfleisch mit der Fleischseite nach oben in einen kleinen Bräter legen. Das Lammfleisch mit je 1/4 Teelöffel Salz und frisch gemahlenem schwarzem Pfeffer bestreuen. In einer kleinen Schüssel Senf, Minze und 2 Esslöffel Schalotten verrühren. 2 Esslöffel Senfmischung für die Soße aufbewahren; Den Rest auf dem Lamm verteilen. Zum Beschichten auf Panko tupfen.

b) Lamm im Ofen 25 bis 30 Minuten bei mittlerer Hitze (140 Grad auf dem Fleischthermometer) oder bis zum gewünschten Gargrad braten.

c) In der Zwischenzeit einen 4-Liter-Topf mit Wasser auf höchster Stufe zum Kochen bringen. Kombinieren Sie in einer mikrowellengeeigneten mittelgroßen Schüssel Kartoffeln und 2 Esslöffel kaltes Wasser. Mit einer belüfteten Plastikfolie abdecken und 4 Minuten lang in der Mikrowelle erhitzen, bis sie weich sind. Abfluss; Mit jeweils 1/8 Teelöffel Salz und frisch gemahlenem schwarzem Pfeffer vermengen. Warm halten.

d) Broccoli Rabe in kochendes Wasser im Topf geben und 3 Minuten kochen lassen. Gut abtropfen lassen; Pfanne trocken wischen. Im gleichen Topf das Öl erhitzen und die restlichen 2 Esslöffel Schalotten auf mittlerer Stufe erhitzen. Broccoli Rabe hinzufügen und 2 Minuten kochen lassen, dabei häufig umrühren. Mit jeweils 1/8 Teelöffel Salz und frisch gemahlenem schwarzem Pfeffer vermischen. Warm halten.

e) Sauerrahm in die übrig gebliebene Senfmischung einrühren. Das Lammfleisch in 2 Rippenstücke schneiden und mit Kartoffeln und Brokkoli-Rabe auf 2 Tellern anrichten. Lammfleisch mit Sauerrahmsauce servieren.

20. Prosciutto-Rucola-Pizza

ZUTATEN

- 1 Pfund Pizzateig, bei Zimmertemperatur, in 2 gleiche Stücke geteilt
- 2 Esslöffel Olivenöl
- 1/2 Tasse Tomatensauce
- 1 1/2 Tassen geriebener Mozzarella-Käse (6 Unzen)
- 8 dünne Scheiben Prosciutto
- Ein paar große Handvoll Rucola

Richtungen:

a) Wenn Sie einen Pizzastein haben, legen Sie ihn auf einen Rost in der Mitte des Ofens. Heizen Sie den Ofen mindestens 30 Minuten lang auf 550 °F (oder maximale Ofentemperatur) vor.

b) Wenn Sie die Pizza auf einen Stein im Ofen legen, legen Sie sie auf eine gut bemehlte Schale oder ein Schneidebrett. Andernfalls montieren Sie es auf der Oberfläche, auf der Sie kochen möchten (Pergamentpapier, Backblech usw.). Rollen oder strecken Sie jeweils ein Teigstück zu einem 10 bis 12 Zoll großen Kreis. Die Teigränder mit 1 EL Olivenöl bestreichen. Die Hälfte der Tomatensauce auf dem restlichen Teig verteilen. Mit etwa einem Viertel des Käses bestreuen. Legen Sie 4 Prosciutto-Scheiben so darauf, dass sie den Teig gleichmäßig bedecken. Mit einem weiteren Viertel des Käses bestreuen.

c) Backen Sie die Pizza, bis die Ränder leicht gebräunt sind und der Käse Blasen bildet und stellenweise gebräunt ist, etwa 6 Minuten bei 550 °F. Aus dem Ofen nehmen, auf ein Schneidebrett legen, die Hälfte des Rucola darüber streuen, schneiden und sofort servieren. Mit dem restlichen Teig und den restlichen Belägen wiederholen.

21. Paella mit Hühnchen, Garnelen und Chorizo

Zutaten

- ½ Teelöffel Safranfäden, zerstoßen
- 2 Esslöffel Olivenöl
- 1 Pfund Hähnchenschenkel ohne Haut und Knochen, in 5 cm große Stücke geschnitten
- 4 Unzen gekochte, geräucherte Chorizo-Wurst nach spanischer Art, in Scheiben geschnitten
- 1 mittelgroße Zwiebel, gehackt
- 4 Knoblauchzehen, gehackt
- 1 Tasse grob geriebene Tomaten
- 1 Esslöffel geräucherter süßer Paprika
- 6 Tassen natriumreduzierte Hühnerbrühe
- 2 Tassen spanischer Rundkornreis, wie Bomba, Calasparra oder Valencia
- 12 große Garnelen, geschält und entdarmt
- 8 Unzen gefrorene Erbsen, aufgetaut
- Gehackte grüne Oliven (optional)
- Gehackte italienische Petersilie

Richtungen:

a) In einer kleinen Schüssel Safran und 1/4 Tasse heißes Wasser vermischen; 10 Minuten stehen lassen.

b) In der Zwischenzeit in einer 15-Zoll-Paella-Pfanne Öl bei mittlerer bis hoher Hitze erhitzen. Hähnchen in die Pfanne geben. Unter gelegentlichem Wenden kochen, bis das Huhn gebräunt ist, etwa 5 Minuten. Chorizo hinzufügen. Noch 1 Minute kochen lassen. Alles auf einen Teller geben. Zwiebel und Knoblauch in die Pfanne geben. 2 Minuten kochen und umrühren. Tomaten und Paprika hinzufügen. Weitere 5 Minuten kochen und umrühren, bis die Tomaten eingedickt und fast pastös sind.

c) Hähnchen und Chorizo wieder in die Pfanne geben. Hühnerbrühe, Safranmischung und 1/2 Teelöffel Salz hinzufügen; bei starker Hitze zum Kochen bringen. Geben Sie den Reis in die Pfanne und rühren Sie ihn einmal um, um ihn gleichmäßig zu verteilen. Ohne Rühren kochen, bis der Reis den größten Teil der Flüssigkeit aufgesogen hat, etwa 12 Minuten. (Wenn Ihre Pfanne größer als Ihr Brenner ist, drehen Sie sie alle paar Minuten, um sicherzustellen, dass der Reis gleichmäßig kocht.) Reduzieren Sie die Hitze auf einen niedrigen Wert. Ohne Rühren weitere 5 bis 10 Minuten kochen, bis die gesamte Flüssigkeit aufgesogen ist und der Reis al dente ist. Mit Garnelen und Erbsen belegen. Stellen Sie die Hitze auf hoch. Ohne Rühren weitere 1 bis 2 Minuten garen (die Ränder sollten trocken aussehen und sich am Boden eine Kruste bilden). Entfernen. Pfanne mit Folie abdecken. Vor dem Servieren 10 Minuten ruhen lassen. Nach Belieben mit Oliven und Petersilie belegen.

22. Estragon-Lamm

-

Zutaten:

- 4 Pfund Lammkeule
- 1 TL Estragon
- 1 EL Öl
- 1 Zwiebel, in Scheiben geschnitten
- 1 1/4 c trockener Weißwein
- 1 x Salz und Pfeffer nach Geschmack
- 2/3 c Sahne

Richtungen:

a) Die Lammkeule häuten und das äußere Fett entfernen.

b) Das Fruchtfleisch kreuz und quer tief einschneiden und die Schlitze mit Estragon füllen. Das Fleisch mit Öl einreiben und mit der Zwiebel bedecken.

c) Zum Marinieren in eine geeignete Schüssel geben und mit dem Weißwein übergießen.

d) Mit Salz und Pfeffer abschmecken und etwa 2 Stunden lang marinieren, dabei gelegentlich begießen.

e) Braten Sie das Lammfleisch mit der Marinade bei 180 °C (180 °C) an, bis es fertig ist. häufig begießen.

f) Zehn Minuten bevor das Fleisch fertig gegart ist, die Marinade und den Fleischsaft in einen Topf abgießen.

g) Reduzieren Sie die Soße durch kräftiges Kochen auf die Hälfte ihrer ursprünglichen Menge.

h) Das Fleisch in dünne Scheiben schneiden und den Fleischsaft zur Marinade geben.

i) Das Fleisch auf einer Servierplatte anrichten und warm halten.

j) Die Soße vom Herd nehmen, die Sahne einrühren und langsam erhitzen, bis eine mitteldicke Konsistenz entsteht. Die Soße über das Lammfleisch gießen und bis zum Servieren warm halten.

23. Spanischer Reis mit Rindfleisch

•

Zutaten:

- 1 Pfund mageres Rinderhackfleisch
- 1/2 c Zwiebel; Gehackt, 1 Md
- 1 c Reis; Normal, ungekocht
- 2/3 c grüne Paprika; Gehackt
- 16 Unzen gedünstete Tomaten
- 5 Stück Speckscheiben; Knusprig, zerbröckelt
- 2 c Wasser
- 1 TL Chilipulver
- 1/2 TL Oregano
- 1 1/4 TL Salz
- 1/8 TL Pfeffer

Richtungen:

a) Kochen und rühren Sie das Fleisch und die Zwiebeln in einer großen Pfanne, bis das Fleisch braun ist. Überschüssiges Fett abgießen.

b) Reis, grüne Paprika, Tomaten, Speck, Wasser, Chilipulver, Oregano, Salz und Pfeffer unterrühren.

c) In einer Pfanne kochen:

d) Die Mischung zum Kochen bringen, dann die Hitze reduzieren und zugedeckt unter gelegentlichem Rühren etwa 30 Minuten köcheln lassen, bis der Reis weich ist. (Bei Bedarf kann eine kleine Menge Wasser hinzugefügt werden.)

e) Im Ofen kochen:

f) Gießen Sie die Mischung in eine ungefettete 2-Liter-Auflaufform.

g) Abdecken und bei 180 °C unter gelegentlichem Rühren backen, bis der Reis zart ist, etwa 45 Minuten.

h) Heiß servieren.

24. Pamesan Hühnchen

Zutaten:

- 1/2 c Feine, trockene Semmelbrösel
- 1/4 c geriebener Parmesankäse
- 4 Hähnchenbrüste, ohne Knochen
- 1 Ei, geschlagen
- 3 Esslöffel Butter
- 8 Unzen. Dose Tomatensoße
- 1/2 c Wasser
- 1/4 Teelöffel getrockneter ganzer Oregano
- 1 c geriebener Mozzarella-Käse

Richtungen:

a) Semmelbrösel und Parmesankäse vermengen.

b) Hähnchen in Ei tauchen und gut bestreichen.

c) Pfanne auf 350 Grad vorheizen.

d) Butter hinzufügen und das Hähnchen auf jeder Seite etwa 3 Minuten braten.

e) Tomatensauce, Wasser und Oregano vermischen; über das Huhn gießen.

f) Hitze auf 220 Grad reduzieren, abdecken und 25–30 Minuten kochen lassen.

g) Mit Mozzarella-Käse bestreuen; abdecken und kochen, bis der Käse schmilzt.

25. Lachssteaks mit Weißweinsauce

Zutaten:

- 8 oz (2) Lachssteaks
- 2 TL Speiseöl Weißweinsauce:
- 1 EL Butter oder Margarine
- 1 TL Maisstärke
- 1 x Dash weißer Pfeffer
- 1/2 Tasse Halb-Halb-Lichtcreme
- 1 geschlagenes Eigelb
- 2 EL trockener Weißwein
- 1 x kernlose grüne Trauben (Opt.)

Richtungen:

a) Eine 6 1/2-Zoll-Mikrowellen-Bräunungsform bei 100 % Leistung 3 Minuten lang vorheizen. Speiseöl in die Bräunungsform geben; schwenken, um das Gericht zu bedecken.

b) Lachssteaks in die Bräunungsform legen. Mikrowelle, abgedeckt, an

c) 100 % Leistung für ca. 30 Sekunden. Die Lachssteaks wenden und wenden

d) Mikrowelle, abgedeckt, bei 50 % Leistung etwa 3 Minuten lang oder bis der Lachs leicht abblättert, wenn man ihn mit einer Gabel testet.

e) Lassen Sie die Lachssteaks abgedeckt stehen, während Sie die Weinsauce zubereiten.

f) Für die Weinsauce: Butter oder Margarine ohne Deckel in einer 4-Tassen-Mikrowelle bei 100 % Leistung 45 Sekunden bis 1 Minute lang erhitzen oder bis sie geschmolzen ist. Maisstärke und weißen Pfeffer einrühren. Helle Sahne einrühren.

g) Ohne Deckel bei 100 % Leistung 2 bis 3 Minuten lang in der Mikrowelle erhitzen oder bis die Mischung eingedickt ist und Blasen bildet, dabei jede Minute umrühren.

h) Die Hälfte der heißen Sahnemischung unter das geschlagene Eigelb rühren.

i) Geben Sie alles wieder auf das 4-Tassen-Maß zurück. Mikrowelle ohne Deckel bei 50 % Leistung 1 Minute lang erhitzen und alle 15 Sekunden umrühren, bis die Mischung glatt ist. Trockenen Weißwein einrühren.

j) Übertragen Sie die Lachssteaks auf eine Servierplatte und geben Sie die Weinsauce darüber. Nach Belieben mit kernlosen grünen Weintrauben garnieren.

26. <u>Fettuccine mit Sahne, Basilikum und Romano</u>

Zutaten:

- 4 Speckscheiben; dick gehackt
- 4 Frühlingszwiebeln; gehackt
- 1/2 c Schlagsahne
- 1/2 Tasse Parmesan; frisch gerieben
- 1/3 c Basilikum; frisch gehackt
- 1/2 Pfund Fettuccine
- Salz und Pfeffer
- Parmesan; frisch gerieben

Richtungen:

a) Den Speck in einer schweren, mittelgroßen Pfanne bei mittlerer Hitze anbraten, bis er anfängt zu bräunen. Frühlingszwiebeln hinzufügen und etwa 1 Minute lang rühren, bis sie weich sind. Sahne hinzufügen und ca. 1 Minute köcheln lassen, bis sie anfängt einzudicken. Parmesankäse und Basilikum untermischen.

b) In der Zwischenzeit die Fettuccine in einem großen Topf mit kochendem Salzwasser kochen, bis sie gerade zart, aber noch bissfest (al dente) ist, dabei gelegentlich umrühren. Gut abtropfen lassen.

c) Zurück in den heißen Topf. Soße hinzufügen und umrühren. Mit Salz und Pfeffer würzen.

d) Sofort servieren; Geben Sie den geriebenen Parmesan darüber.

27. Knusprige Hähnchenkeulen

Zutaten:

- 8 x Hähnchenkeulen, ohne Haut
- 1 1/2 c Semmelbrösel
- 1/4 c geriebener Parmesankäse
- 2 EL gehackte frische Petersilie
- 1/4 TL Knoblauchpulver
- Salz und Pfeffer nach Geschmack
- 1/3 c Magermilch

Richtungen:

a) Hähnchen mit kaltem Wasser abspülen und trocken tupfen.

b) Semmelbrösel, Parmesankäse, Petersilie, Knoblauchpulver, Salz und Pfeffer vermischen; gut umrühren.

c) Tauchen Sie die Trommelstöcke in Magermilch, wälzen Sie sie dann in der Semmelbröselmischung und bestreichen Sie sie gut.

d) Legen Sie die Trommelstöcke in eine mit Pam besprühte 25 x 15 x 5 cm große Auflaufform.

e) 1 Stunde bei 350 Grad F backen.

28. Lachssteaks mit Gurken-Dill-Sauce

Zutaten:

- 2 Stück Lachssteaks
- 1/4 c trockener Weißwein
- 1 Stück Lorbeerblatt
- 2 EL frischer Dill
- 1 Stück Stangensellerie, geschnitten, Gurken-Dill-Sauce:
- 1/4 c Naturjoghurt mit niedrigem Fettgehalt
- 1/4 c Lite Mayonnaise
- 1 Stück geriebene Gurke mit kleinen Kernen
- 1 Stück kleine Zwiebel, geschält, gerieben
- 1/8 TL trockener Senf
- 1/4 c Frisch gehackter Dill
- Salz und Pfeffer nach Geschmack

Richtungen:

a) Legen Sie die Steaks mit der dicken Seite nach außen in eine mikrowellengeeignete Schüssel. Weißwein, Lorbeerblatt, Dill und Sellerie vermischen; Verteilen Sie die Mischung gleichmäßig auf den Lachssteaks.

b) Abdecken und 4-6 Minuten lang auf hoher Stufe in der Mikrowelle erhitzen.

c) Mit Gurken-Dill-Sauce servieren.

d) Für Gurken-Dill-Sauce:

e) Joghurt, Mayonnaise, Gurke, Zwiebel, Senf, Dill, Salz und Pfeffer in eine Küchenmaschine geben und gut vermischen.

f) In eine Servierschüssel gießen; Vor dem Servieren 1 bis 2 Stunden im Kühlschrank lagern.

29. Truthahn-Taco-Salat

Zutaten:

- 3 Mehl-Tortillas
- 1/2 Pfund gemahlener Truthahn
- 1/3 c Wasser
- 1 Teelöffel Chilipulver
- 1/2 Teelöffel Salz
- 1/4 Teelöffel Knoblauchpulver
- 1/4 Teelöffel Cayennepfeffer
- 8 Unzen Kidneybohnen, abgetropft
- 5 c geriebener Salat
- 1 mittelgroße Tomate, gehackt
- 1/2 c geriebener Monterey-Jack-Käse
- 1/4 c Zwiebel, gehackt
- 1/4 c Thousand Island Dressing
- 1/4 c Sauerrahm (Beilage)
- 4 je entkernte reife Oliven, in Scheiben geschnitten (Beilage)

Richtungen:

a) Den Ofen auf 400 Grad F vorheizen.

b) Schneiden Sie die Tortillas in 12 Keile oder 3 x 1/4 Zoll große Streifen und legen Sie sie in eine ungefettete Jelly Roll-Pfanne mit den Maßen 15 1/2 x 10 1/2 x 1 Zoll.

c) 6 bis 8 Minuten backen, dabei mindestens einmal umrühren, bis es goldbraun und knusprig ist; Cool.

d) Den gemahlenen Truthahn in einer beschichteten Pfanne unter häufigem Rühren kochen, bis er braun ist. Wasser, Chilipulver, Salz, Knoblauchpulver, rote Paprika einrühren,

e) und Kidneybohnen. Zum Kochen bringen; Hitze reduzieren. Ohne Deckel 2 bis 3 Minuten köcheln lassen, dabei gelegentlich umrühren, bis die Flüssigkeit aufgesogen ist.

f) 10 Minuten abkühlen lassen.

g) Salat, Tomate, Käse und Zwiebeln in einer großen Schüssel vermischen; mit dem werfen

h) Thousand Island Dressing; Auf 4 Teller verteilen. Belegen Sie jeden Salat mit etwa einer halben Tasse Truthahnmischung.

i) Tortillaspalten um den Salat legen und mit Sauerrahm und Oliven garnieren.

30. Cornish Game Hen mit Kasha-Füllung

Zutaten:

- 2 Wildhühner aus Rock Cornish

- 1/2 Zitrone

- Salz und Pfeffer

- 4 Streifen Speck

- 3/4 c Rotwein Kasha Füllung:

- 1 c Buchweizengrütze

- 1 Ei (leicht geschlagen)

- 2 c kochendes Wasser

- 3 Streifen Speck (in Stücke geschnitten)

- 4 Esslöffel Butter

- 1 mittelgroße Zwiebel (gehackt)

- 1 Knoblauchzehe (gehackt)

- 1/2 grüne Paprika (gehackt)

- 1/4 Pfund Pilze (gehackt)

- 1 Teelöffel Oregano

- 1/2 Teelöffel Salbei

- Salz und Pfeffer nach Geschmack

Richtungen:

a) Reiben Sie die Vögel innen und außen mit Zitrone ein und bestreuen Sie sie gut mit Salz und frisch gemahlenem Pfeffer.

b) Ofen vorheizen (450 Grad F.).

c) Hohlräume mit der Kasha-Füllung füllen. Öffnung mit Spießen verschließen.

d) Legen Sie die Vögel mit der Brustseite nach oben auf den Rost in eine offene Bratpfanne und bedecken Sie die Brüste mit Speck. 15 Minuten abkühlen lassen.

e) Reduzieren Sie die Hitze auf 325 Grad F und fügen Sie Rotwein hinzu. 35 bis 40 Minuten rösten, dabei häufig begießen (wenn möglich alle 15 Minuten); Bei Bedarf mehr Wein hinzufügen.

f) Für die Kasha-Füllung:

g) Die Grütze mit geschlagenem Ei vermischen; Bei starker Hitze in die Pfanne geben. Ständig umrühren, bis sich die Körner trennen, dann das kochende Wasser hinzufügen.

h) Pfanne abdecken, Hitze reduzieren und 30 Minuten köcheln lassen.

i) In der Zwischenzeit den Speck in einer weiteren großen Bratpfanne anbraten.

j) Wenn der Speck leicht gebräunt ist, schieben Sie ihn zur Seite und fügen Sie die Butter hinzu.

k) Lassen Sie dies brutzeln und fügen Sie Zwiebeln, Knoblauch, grüne Paprika und Pilze hinzu; ständig rühren.

l) Oregano, Salbei sowie Salz und Pfeffer hinzufügen. Hitze reduzieren und die gekochten Grütze hinzufügen. Gut vermischen, nachwürzen und vom Herd nehmen.

m) Kasha wird häufig als Buchweizengrütze bezeichnet. Es wird aus Buchweizenkörnern hergestellt und anschließend geröstet, was ihm einen köstlichen nussartigen Geschmack verleiht.

31. Romance-in-a-Bowl-Salat

Zutaten:

- 4 Tassen Babysalat

- 1 Karotte, geschält und in Scheiben geschnitten

- 2 Frühlingszwiebeln, gehackt

- 6 Erdbeeren, geschält und in Scheiben geschnitten

- 12 frische Himbeeren

- 1 Teelöffel gehackter Knoblauch

- ¼ Tasse gehackte Walnüsse

- ¼ Tasse gewürzte Mandelscheiben

- ¼ Tasse getrocknete Johannisbeeren

- ¼ Tasse zerbröckelter Feta-Käse

- ½ Tasse gewürzte Croutons

- ½ Tasse Kräutervinaigrette-Salatdressing oder nach Geschmack

Richtungen:

a) In einer großen Schüssel Salat, Karotten, Frühlingszwiebeln, Erdbeeren, Himbeeren, Knoblauch, Walnüsse, Mandelscheiben, Johannisbeeren und Feta-Käse vermengen.

b) Auf zwei Salatschüsseln verteilen. Belegen Sie jede Schüssel mit einigen Croutons und servieren Sie sie mit Vinaigrette-Dressing.

32. <u>Rosa Salat</u>

Zutaten

Salat

- 4 ganze Karotten

- 1/3 mittelgroße rote Zwiebel, in Scheiben geschnitten

- 1 große Rübe

- 1 rosa Grapefruit, geschnitten

- 1 Handvoll grob gehackte Pistazien

Vinaigrette

- 1/2 Tasse Olivenöl

- 1/4 Tasse Reisweinessig

- 1 Teelöffel Senf

- 1 Teelöffel Ahornsirup

- 1-2 Knoblauchzehen, gehackt

- Salz und Pfeffer nach Geschmack

Richtungen:

a) Schneiden Sie Ihre Rüben in mittelgroße Spalten und legen Sie sie in einen mikrowellengeeigneten Behälter, decken Sie sie ab und stellen Sie sie in die Mikrowelle, bis sie mit einer Gabel weich sind. Meins dauerte 6 1/2 Minuten. Ich entscheide mich dafür, meine Haut nicht zu schälen, da mir die Haut nichts ausmacht, sondern mache, was du willst.

b) Schneiden Sie mit einem Karottenschäler lange Streifen von jeder Karotte ab, bis Sie das Kerngehäuse erreichen und nicht mehr rasieren können. Bewahren Sie die Kerne für den späteren Verzehr auf.

c) Geben Sie alle Salatzutaten außer den Pistazien in eine große Schüssel.

d) Alle Zutaten für das Dressing in eine andere Schüssel geben und verrühren, bis eine Emulgierung entsteht.

e) Wenn Sie bereit sind, den Salat zu servieren, geben Sie ausreichend Dressing darüber und bewahren Sie den Rest für den morgigen Salat auf.

f) Die Pistazien darüber streuen und schon kann es losgehen.

33. Gemischter grüner Frühlingssalat

Zutaten:

- 2 UNZEN. Gemischte Grüntöne
- 3 Esslöffel Pinienkerne, geröstet
- 2 Esslöffel 5-Minuten-Himbeervinaigrette
- 2 Esslöffel gehobelter Parmesan
- 2 Scheiben Speck
- Salz und Pfeffer nach Geschmack

Richtungen:

a) Speck kochen, bis er sehr knusprig ist.

b) Messen Sie das Grün ab und geben Sie es in einen Behälter, der geschüttelt werden kann.

c) Den Speck zerbröseln und dann die restlichen Zutaten zum Gemüse geben. Schütteln Sie den Behälter mit aufgesetztem Deckel, um das Dressing und den Inhalt gleichmäßig zu verteilen.

d) Servieren und genießen!

34. Knuspriger Tofu- und Pak-Choi-Salat

Zutaten:

Im Ofen gebackener Tofu

- 15 Unzen. extra harter Tofu
- 1 Esslöffel Sojasauce
- 1 Esslöffel Sesamöl
- 1 Esslöffel Wasser
- 2 Teelöffel gehackter Knoblauch
- 1 Esslöffel Reisweinessig
- Saft 1/2 Zitrone

Bok Choy-Salat

- 9 Unzen. Bok Choy
- 1 Stiel Frühlingszwiebel
- 2 Esslöffel Koriander, gehackt
- 3 Esslöffel Kokosöl
- 2 Esslöffel Sojasauce
- 1 Esslöffel Sambal Olek
- 1 Esslöffel Erdnussbutter
- 1/2 Limette entsaften
- 7 Tropfen flüssiges Stevia

Richtungen:

a) Beginnen Sie mit dem Pressen des Tofus. Legen Sie den Tofu auf ein Küchentuch und stellen Sie etwas Schweres darauf (z. B. eine gusseiserne Pfanne). Das Trocknen dauert etwa 4 bis 6 Stunden. Möglicherweise müssen Sie das Küchentuch nach der Hälfte der Zeit ersetzen.

b) Sobald der Tofu gepresst ist, arbeiten Sie an der Marinade. Alle Zutaten für die Marinade vermischen (Sojasauce, Sesamöl, Wasser, Knoblauch, Essig und Zitrone).

c) Den Tofu in Quadrate schneiden und zusammen mit der Marinade in eine Plastiktüte geben. Lassen Sie dies mindestens 30 Minuten lang marinieren, am besten jedoch über Nacht.

d) Ofen auf 350F vorheizen. Tofu auf ein mit Backpapier (oder Silpat) ausgelegtes Backblech legen und 30–35 Minuten backen.

e) Sobald der Tofu gekocht ist, können Sie mit dem Pak-Choi-Salat beginnen. Koriander und Frühlingszwiebel hacken.

f) Alle anderen Zutaten (außer Limettensaft und Pak Choi) vermischen

g) eine Schüssel. Dann Koriander und Frühlingszwiebel hinzufügen.

h) Sobald der Tofu fast gar ist, Limettensaft zum Salatdressing geben und vermischen.

i) Schneiden Sie den Pak Choi wie Kohl in kleine Scheiben.

j) Nehmen Sie den Tofu aus dem Ofen und stellen Sie Ihren Salat mit Tofu, Pak Choi und Soße zusammen.

35. BBQ-Schweinefleischsalat

Zutaten:
Der Salat

- 10 Unzen. Pulled Pork
- 2 Tassen Römersalat
- 1/4 Tasse Koriander, gehackt
- 1/4 mittelgroße rote Paprika, gehackt

Die Soße

- 2 Esslöffel Tomatenmark
- 2 Esslöffel + 2 Teelöffel Sojasauce (oder Kokosnuss-Aminosäuren)
- 1 Esslöffel cremige Erdnussbutter
- 2 Esslöffel Koriander, gehackt
- Saft und Schale von 1/2 Limette
- 1 Teelöffel Five Spice
- 1 Teelöffel rote Currypaste
- 1 Esslöffel + 1 Teelöffel Reisweinessig
- 1/4 Teelöffel rote Pfefferflocken
- 1 Teelöffel Fischsauce/10 Tropfen flüssiges Stevia UND 1/2 Teelöffel Mango-Extrakt

Richtungen:

a) Alle Saucenzutaten (außer Koriander und Limettenschale) in einer Schüssel vermengen.
b) Koriander hacken, eine Limette abreiben und zur Soße geben.
c) Die Thai-BBQ-Sauce gut vermischen und dann beiseite stellen. Ziehen Sie das Schweinefleisch mit den Fingern oder einem Messer auseinander. Den Salat anrichten und das Schweinefleisch mit etwas Soße bestreichen.

36. Roter Paprika-Spinat-Salat

Zutaten:
- 6 Tassen Spinat
- 1/4 Tasse Ranch-Dressing
- 3 Esslöffel Parmesankäse
- 1 Teelöffel rote Pfefferflocken

Richtungen:
a) In einer großen Rührschüssel 6 Tassen Spinat abmessen.
b) Fügen Sie 1/4 Tasse Ranch Dressing hinzu und mischen Sie es unter den Spinat. Dann fügen Sie 3 Esslöffel Parmesankäse und 1 Teelöffel rote Pfefferflocken hinzu. Nochmals gut vermischen

37. Spinat-Pekannuss-Salat

Zutaten:

- 2 Pfund frischer Spinat
- Salz
- 10 Frühlingszwiebeln, in dünne Scheiben geschnitten, darunter etwa 5 cm des grünen Sprosses
- 1/4 Tasse natives Olivenöl extra
- 1/4 Tasse Zitronensaft
- 1/4 Pfund geröstete, gesalzene Pekannüsse, gehackt

Richtungen:

a) Waschen und trocknen Sie den Spinat, bis Sie absolut sicher sind, dass er sauber ist – Spinat kann viel Splitt aufnehmen! Wenn Sie sicher sind, dass es sauber und trocken ist, geben Sie es in eine Salatschüssel, bestreuen Sie es mit etwas Salz – vielleicht einem Teelöffel – und drücken Sie die Blätter vorsichtig mit Ihren Händen aus.

b) Die Frühlingszwiebeln in die Schüssel geben.

c) Das Olivenöl darübergießen und den Salat gründlich vermengen. Den Zitronensaft hinzufügen und erneut vermengen. Mit den Pekannüssen belegen und servieren.

38. Salat aktualisieren

Zutaten:

Salat

- 2 mittelgroße grüne Paprika, in kleine Streifen geschnitten
- 1 großer Bund Petersilie, gehackt
- 2/3 Tasse zerrissener Radicchio
- 2/3 Tasse gehackter Endiviensalat
- 2/3 Tasse gehackter Frisee
- 3 Tomaten, jeweils in 8 Längsspalten geschnitten
- 1/8 einer großen, süßen roten Zwiebel, in dünne Scheiben geschnitten
- 2 Esslöffel gehackte schwarze Oliven

Dressing

- 1/4 Tasse Wasser
- 1/2 Tasse Estragon-Essig
- 1/2 Teelöffel Salz oder Vege-Sal
- 1 1/2 Esslöffel Zitronensaft
- 1 Esslöffel Splenda
- 1/8 Teelöffel Blackstrap-Melasse

Richtungen:

a) Paprika, Petersilie, Radicchio, Endivie, Frisee, Tomaten, Zwiebeln und Oliven in eine große Schüssel geben und beiseite stellen.

b) In einer separaten Schüssel Wasser, Essig, Salz, Zitronensaft, Splenda und Melasse vermischen. Alles über den Salat gießen und vermengen.

c) Das Ganze in den Kühlschrank stellen.

39. <u>Kalifornischer Salat</u>

Zutaten:

- 4 Tassen zerrissener Römersalat
- 4 Tassen zerrissener roter Blattsalat
- 1 reife, schwarze Avocado
- 3 Esslöffel natives Olivenöl extra
- 2 Esslöffel Zitronensaft
- Salz und Pfeffer
- 1/2 Tasse Luzernensprossen

Richtungen:

a) Römersalat und roten Blattsalat in einer Salatschüssel vermischen, dann die Avocado schälen und in kleine Stücke schneiden. (Am einfachsten ist es, die Avocadostücke einfach mit einem Löffel herauszulöffeln.) Geben Sie die Avocado in die Schüssel.

b) Den Salat zuerst mit dem Öl, dann mit dem Zitronensaft und schließlich mit Salz und Pfeffer abschmecken. Mit den Sprossen belegen und servieren.

40. Melonen-Prosciutto-Salat

Zutaten:

- 1/2 reife Melone
- 1/2 reife Honigmelone
- 8 Unzen Schinken

Richtungen:

a) Die Melonen entkernen, schälen und in 2,5 cm große Stücke schneiden (oder einen Melonenausstecher verwenden).

b) Den Prosciutto hacken, alles vermischen und servieren.

41. <u>Gorkensalat</u>

Zutaten:

- 4 geschälte Gurken, in dünne Scheiben geschnitten
- 1 1/2 Esslöffel Salz
- 1/4 Tasse Wasser
- 3 Esslöffel Apfelessig
- 3 Esslöffel Öl
- 2 Esslöffel Splenda
- Pfeffer

Richtungen:

a) Die Gurken schälen und in Scheiben schneiden. Geben Sie sie in eine große Schüssel und streuen Sie das Salz darüber. Das Salz unter die Gurken rühren, abdecken und über Nacht im Kühlschrank aufbewahren.

b) Nehmen Sie die Gurken etwa eine Stunde vor dem Servieren aus dem Kühlschrank und drücken Sie das Wasser mit den Händen in kleinen Mengen aus ihnen heraus. Die Scheiben werden von etwas steif und undurchsichtig zu schlaff und fast durchscheinend. Gießen Sie das entstandene Wasser ab.

c) Wasser, Essig, Öl und Splenda vermischen und mit Salz und Pfeffer abschmecken. Dies ist das „Dressing" – es sollte leicht, würzig und nur leicht süß sein. Gießen Sie dies über die Gurken und vermischen Sie sie. Bis zum Servieren kalt stellen.

42. **Bunter Bohnensalat**

Zutaten:

- 1 Dose (14 1/2 Unzen) geschnittene grüne Bohnen
- 1 Dose (14 1/2 Unzen) geschnittene Wachsbohnen
- 1/2 Tasse gehackte süße rote Zwiebel
- 3/4 Tasse Splenda
- 1 Teelöffel Salz
- 1/2 Teelöffel Pfeffer
- 1/2 Tasse Rapsöl
- 2/3 Tasse Apfelessig

Richtungen:

a) Die grünen Bohnen und die Wachsbohnen abgießen und in einer Schüssel mit der Zwiebel vermischen.

b) In einer separaten Schüssel Splenda, Salz, Pfeffer, Öl und Essig vermischen. Gießen Sie die Mischung über das Gemüse.

c) Lassen Sie es mindestens mehrere Stunden marinieren; über Nacht kann nicht schaden. Die Marinade abgießen und servieren.

43. Krautsalat für Zwei

Zutaten:

- 1 Kopf Rotkohl
- 1 kleine Karotte, geraspelt
- 1/4 süße rote Zwiebel, fein gehackt
- Krautsalat-Dressing

Richtungen:

a) Zerkleinern Sie Ihren Kohl mit dem Schneidemesser einer Küchenmaschine oder einem scharfen Messer und geben Sie ihn in eine große Schüssel.

b) Karotte und Zwiebel dazugeben und mit dem Dressing vermischen. Bewundern und genießen.

44. <u>Konfetti UnSlaw</u>

Zutaten:

- 2 Tassen geriebener Grünkohl
- 2 Tassen geriebener Rotkohl
- 1/2 süße rote Paprika, gehackt
- 1/2 grüne Paprika, gehackt
- 4 Frühlingszwiebeln, in Scheiben geschnitten, einschließlich des knusprigen Teils des Grüns
- 1/3 Tasse geriebene Karotte
- 1 kleine Sellerierippe, in dünne Scheiben geschnitten
- 2 Esslöffel gehackte frische Petersilie

Richtungen:

a) Mischen

45. Caponata-Salat

Zutaten:

- 1/4 Tasse Olivenöl
- mittelgroße Auberginen, geschält und in 1/4-Zoll-Würfel geschnitten
- kleine rote Zwiebel, gehackt
- Sellerierippe, gehackt
- 2 Knoblauchzehen, gehackt
- 2 Tassen gehackte frische oder abgetropfte Pflaumentomaten aus der Dose
- 2 Esslöffel Kapern
- 3 Esslöffel Rotweinessig
- 2 Teelöffel Zucker
- 1 Esslöffel gehacktes frisches Basilikum oder 1 Teelöffel getrocknet
- 1/2 Teelöffel Salz

Richtungen:

In einem großen Topf das Öl bei mittlerer Hitze erhitzen. Aubergine, Zwiebel, Sellerie und Knoblauch hinzufügen. Abdecken und ca. 15 Minuten kochen, bis das Gemüse weich ist. Die Tomaten hinzufügen, abdecken und weitere 5 Minuten kochen lassen. Kapern, Essig, Zucker, Basilikum und Salz einrühren und ohne Deckel 5 Minuten köcheln lassen, damit sich die Aromen entfalten können.

Vom Herd nehmen und etwas abkühlen lassen, dann in eine große Schüssel umfüllen und etwa 2 Stunden im Kühlschrank lagern, bis es abgekühlt ist. Abschmecken und bei Bedarf nachwürzen. Gekühlt oder bei Zimmertemperatur servieren.

46. Grüner Bohnen-Birnen-Salat

Zutaten:

- 1⁄4 Tasse geröstetes Sesamöl
- 3 Esslöffel Reisessig
- 2 Esslöffel Mandelbutter
- 2 Esslöffel Sojasauce
- 1 Esslöffel Agavennektar
- 1 Teelöffel geriebener frischer Ingwer
- 1⁄8 Teelöffel gemahlener Cayennepfeffer
- 8 Unzen grüne Bohnen, geputzt und in 1-Zoll-Stücke geschnitten
- 1⁄4 Tasse gehackte rote Zwiebel
- 2 reife Birnen, entkernt und in 1⁄2-Zoll-Würfel geschnitten
- 1⁄4 Tasse goldene Rosinen
- 4 bis 6 Tassen gemischter Salat

Richtungen:

a) In einem Mixer oder einer Küchenmaschine Öl, Essig, Mandelbutter, Sojasauce, Agavendicksaft, Ingwer und Cayennepfeffer vermischen. Zum Mischen verarbeiten. Beiseite legen.

b) Tauchen Sie die grünen Bohnen und die Karotte in einen Topf mit kochendem Wasser und kochen Sie sie etwa 5 Minuten lang, bis sie knusprig und zart sind. Abgießen und in eine große Schüssel geben. Zwiebeln, Birnen, Mandeln und Rosinen hinzufügen. Das Dressing dazugeben und vorsichtig vermengen. Eine Servierplatte oder einzelne Teller mit dem Salat auslegen, die Salatmischung darauf verteilen und servieren.

47. Cranberry-Karotten-Salat

Zutaten:

- 1 Pfund Karotten, geraspelt
- 1 Tasse gesüßte getrocknete Cranberries
- 1/2 Tasse geröstete Walnussstücke
- 2 Esslöffel frischer Zitronensaft
- 3 Esslöffel geröstetes Walnussöl
- 1/2 Teelöffel Zucker
- 1/4 Teelöffel Salz
- 1/8 Teelöffel frisch gemahlener schwarzer Pfeffer

Richtungen:

a) In einer großen Schüssel Karotten, Preiselbeeren und Walnüsse vermischen. Beiseite legen.

b) In einer kleinen Schüssel Zitronensaft, Walnussöl, Zucker, Salz und Pfeffer verrühren. Das Dressing über den Salat gießen, vorsichtig vermischen und servieren.

48. <u>Fenchel-Orangen-Salat mit schwarzen Oliven</u>

Zutaten:

- 1 mittelgroße Fenchelknolle, in 1⁄4-Zoll-Scheiben geschnitten
- 2 Orangen, geschält, geviertelt und in 1⁄4-Zoll-Scheiben geschnitten
- 1⁄4 Tasse Kalamata-Oliven, entkernt und halbiert
- 2 Esslöffel gehackte frische Petersilie
- 2 Esslöffel Olivenöl
- 1 Esslöffel Zitronensaft
- 1⁄2 Teelöffel Zucker
- Salz und frisch gemahlener schwarzer Pfeffer
- 4 große oder 8 kleine Boston-Salatblätter
- 1⁄4 Tasse geröstete Pinienkerne

Richtungen:

a) In einer großen Schüssel Fenchel, Orangen, Oliven und Petersilie vermengen. Beiseite legen.

b) In einer kleinen Schüssel Öl, Zitronensaft, Zucker sowie Salz und Pfeffer nach Geschmack verrühren. Gießen Sie das Dressing über den Salat und vermischen Sie es vorsichtig.

c) Eine Schicht Salatblätter auf einer Servierplatte oder einzelnen Tellern anrichten. Den Salat auf den Salat geben, mit den Pinienkernen bestreuen und servieren.

49. **Gelber Rübensalat mit Birnen**

Zutaten:

- 3 bis 4 mittelgelbe Rüben
- 2 Esslöffel weißer Balsamico-Essig
- 3 Esslöffel vegane Mayonnaise, selbstgemacht (siehe Vegane Mayonnaise) oder im Laden gekauft
- 3 Esslöffel vegane Sauerrahm, hausgemacht (siehe Tofu-Sauerrahm) oder im Laden gekauft
- 1 Esslöffel Sojamilch
- 11/2 Esslöffel gehackter frischer Dillkraut
- 1 Esslöffel gehackte Schalotte
- 1/2 Teelöffel Salz
- 1/8 Teelöffel frisch gemahlener schwarzer Pfeffer
- 2 reife Bosc-Birnen
- Saft von 1 Zitrone
- 1 kleiner roter Blattsalat, in mundgerechte Stücke gerissen

Richtungen:

a) Die Rüben dämpfen, bis sie weich sind, dann abkühlen lassen und schälen. Schneiden Sie die Rote Bete in Streifen und legen Sie sie in eine flache Schüssel. Den Essig dazugeben und vermischen. Beiseite legen.

b) In einer kleinen Schüssel Mayonnaise, Sauerrahm, Sojamilch, Dillkraut, Schalotte, Salz und Pfeffer vermischen. Beiseite legen.

c) Die Birnen entkernen und in 1/4-Zoll-Würfel schneiden. Die Birnen in eine mittelgroße Schüssel geben, den Zitronensaft hinzufügen und vorsichtig vermischen. Den Salat auf 4 Salatteller verteilen und die Birnen und Rüben darauf verteilen. Das Dressing über den Salat träufeln, mit Pekannüssen bestreuen und servieren.

50. **Endivien-Orangen-Salat**

Zutaten:

- 2 mittelgroße Köpfe belgische Endivie, Blätter getrennt
- 2 Nabelorangen, geschält, halbiert und in 1/4-Zoll-Scheiben geschnitten
- 2 Esslöffel gehackte rote Zwiebel
- 3 Esslöffel Olivenöl
- 11/2 Esslöffel mit Feigen angereicherter Balsamico-Essig
- Salz und frisch gemahlener schwarzer Pfeffer
- 1 Esslöffel frische Granatapfelkerne (optional)

Richtungen:

a) In einer großen Schüssel Endivien, Orangen, Pekannüsse und Zwiebeln vermengen. Beiseite legen.

b) In einer kleinen Schüssel Öl, Essig, Zucker sowie Salz und Pfeffer nach Geschmack vermischen. Rühren, bis alles vermischt ist. Gießen Sie das Dressing über den Salat und vermischen Sie es vorsichtig. Bei Bedarf mit Granatapfelkernen bestreuen und servieren.

51. <u>Liebessuppe</u>

Zutaten:

- 3 Esslöffel Pflanzenöl
- Schale und Saft einer halben Zitrone oder 1 Esslöffel Zitronensaft aus der Flasche
- 1 Knoblauchzehe
- 1 kleines Stück frischer Ingwer (ca. 1 cm) oder 1 Teelöffel gemahlener Ingwer
- eine Handvoll frischer Koriander
- eine Handvoll frische Petersilie und etwas mehr zum Garnieren
- 1 Zwiebel
- 2 große Karotten
- 1 Kartoffel
- ½ Würfel Gemüsebrühe

Richtungen:

a) Heizen Sie den Backofen auf 180 °C/350 °F/Gasstufe 4 vor.

b) Bereiten Sie zunächst die Marinade für das Gemüse vor. Messen Sie das Öl in einer Teetasse, einem Krug oder einem anderen kleinen Gefäß ab. Die Zitronenschale fein in das Öl reiben. Den Knoblauch schälen und zerdrücken, den Ingwer schälen und reiben und ebenfalls hinzufügen. Die Kräuter fein hacken und in die Mischung einarbeiten. Drücken Sie den Zitronensaft hinein – so viel davon, wie Sie herauspressen können –, verrühren Sie alles und stellen Sie es beiseite.

c) Die Zwiebel schälen, vierteln und in einen Bräter geben. Die Karotten waschen, in dicke Ringe schneiden und in den Bräter geben. Die Kartoffel schälen, würfeln und ebenfalls hineingeben. Gießen Sie die Marinade darüber und schütteln Sie sie, um das Gemüse zu bedecken. Stellen Sie den Bräter für etwa eine Stunde in den vorgeheizten Ofen und schütteln Sie ihn dabei gelegentlich, um das Gemüse zu lösen und es wieder mit der Marinade zu überziehen.

d) Wenn die Karotten und Kartoffeln weich sind, nehmen Sie das Gemüse aus dem Ofen und geben Sie es in eine Küchenmaschine. Lösen Sie den halben Brühwürfel in 500 ml kochendem Wasser auf und gießen Sie diese Brühe in die Küchenmaschine (um das Gemüse zu bedecken). Alles glatt rühren und mit einer Prise Petersilie und einem Lächeln servieren.

52. <u>Weißwein Coq Au Vin</u>

Zutaten:

- 2 Teelöffel Olivenöl
- 4 Unzen. Pancetta, in 1/2-Zoll-Stücke geschnitten
- 1 (3 1/2 bis 4 Pfund) ganzes Huhn, in 10 Stücke geschnitten
- Koscheres Salz und frisch gemahlener schwarzer Pfeffer
- 1 Pfund Cremini-Pilze, geviertelt
- 2 mittelgroße Zwiebeln, gehackt
- 2 Lauch (nur weiße und hellgrüne Teile), halbiert und in Scheiben geschnitten
- 2 Knoblauchzehen, gehackt
- 2 Esslöffel Allzweckmehl
- 1 (750 Milliliter) Flasche trockener Weißwein
- 1/2 c. Hühnerbrühe
- 2 Esslöffel Dijon-Senf
- 6 Zweige Thymian
- 2 Lorbeerblätter
- 1/4 c. frischer Estragon, gehackt

Richtungen:

a) Ofen auf 350°F vorheizen. Öl in einem großen Schmortopf bei mittlerer Hitze erhitzen. Pancetta hinzufügen und unter gelegentlichem Rühren 2 bis 4 Minuten braten, bis es braun ist. Mit einem Schaumlöffel auf einen mit Küchenpapier ausgelegten Teller geben. Hähnchen mit Salz und Pfeffer würzen. Mit der Hautseite nach unten 5 bis 7 Minuten goldbraun braten. Auf den Teller geben.

b) Erhöhen Sie die Hitze auf mittelhoch. Pilze hinzufügen und unter gelegentlichem Rühren 6 bis 8 Minuten braten, bis sie braun sind. Reduzieren Sie die Hitze auf mittlere bis niedrige Stufe und fügen Sie Zwiebeln, Lauch und Knoblauch hinzu. Unter gelegentlichem Rühren 8 bis 9 Minuten kochen, bis es leicht goldbraun und zart ist. Mehl hinzufügen und unter Rühren 1 Minute kochen lassen. Unter ständigem Rühren nach und nach Wein hinzufügen. Brühe, Senf, Thymian und Lorbeerblätter hinzufügen; zum Kochen bringen.

c) Pancetta und Hühnchen (mit der Hautseite nach oben) wieder in den Topf geben; abdecken und in den Ofen geben. 1 Stunde und 15 Minuten bis 1 Stunde und 30 Minuten kochen, bis das Huhn zart und durchgegart ist. Thymian und Lorbeerblätter wegwerfen. Mit Estragon garniert servieren

53. <u>Artischockensuppe mit Pastinakenchips</u>

Zutaten:

Für die Suppe:

- 5-6 frische Artischockenherzen grob gehackt
- 2 Esslöffel Olivenöl
- 1 Lauch, nur weiße und hellgrüne Teile, in Scheiben geschnitten und abgespült
- 3 Knoblauchzehen gehackt
- 1/2 Tasse Schalotten gehackt
- 8 Unzen Yukon Gold-Kartoffeln geschält und gewürfelt (ca. 2 mittelgroße)
- 6 Tassen Gemüsebrühe
- 1 Lorbeerblatt
- 2 Zweige Thymian und mehr zum Garnieren
- 1/4 Teelöffel gemahlener schwarzer Pfeffer
- Nach Geschmack salzen
- 1-2 Esslöffel Zitronensaft

Für die Pastinakenchips:

- 1 Pastinake geschält und auf einer Mandoline in dünne Scheiben geschnitten
- 1/2 Tasse Pflanzenöl
- Flockenförmiges Meersalz

Richtungen:

a) Artischockenherzen, Lauch, Knoblauch und Schalotten in Butter kochen: Die Butter in einem großen Topf mit dickem Boden bei mittlerer Hitze schmelzen. Artischockenherzen, Lauch, Knoblauch und Schalotten hinzufügen. Kochen, bis es weich ist.

b) Kartoffeln, Brühe, Lorbeerblatt und Thymian hinzufügen. Bringen Sie die Suppe leicht zum Kochen und reduzieren Sie dann die Hitze, damit sie weiter köchelt. Ohne Deckel 30–40 Minuten garen, oder bis das Gemüse gabelweich ist.

c) Die Kräuter wegwerfen und die Suppe dann mit einem Stabmixer oder einem normalen Mixer pürieren.

d) Salz, Pfeffer und Zitronensaft einrühren, abschmecken und nach Bedarf anpassen.

e) Stellen Sie einen Rost auf ein großes Backblech mit Rand und legen Sie zwei Lagen Papiertücher auf den Rost. Erhitzen Sie das Raps- oder Pflanzenöl in einem großen Topf, bis das Öl auf einem Frittierthermometer 325 °C anzeigt. In der Zwischenzeit die Pastinaken mit einer Mandoline in dünne Münzen schneiden.

f) Geben Sie portionsweise eine Handvoll Pastinakenstreifen vorsichtig in das heiße Öl und kochen Sie die Streifen bei mäßig hoher Hitze unter gelegentlichem Rühren mit einem Holzlöffel, bis die Streifen eine tiefe Honigfarbe annehmen (ca. 1 Minute). Geben Sie die Pastinaken mit einem Schaumlöffel oder einer Schaumkelle auf die Papiertücher und bestreuen Sie sie mit Salz. Vollständig abkühlen lassen.

g) Zum Servieren die Suppe gleichmäßig auf die Schüsseln verteilen. Mit Pastinakenchips und Thymianblättern belegen.

54. <u>Bier- und Käsesuppe</u>

Zutaten:

- 1 Tasse gewürfelte Zwiebeln
- 1 Tasse gewürfelter Sellerie
- 1 Tasse gewürfelte Karotten
- 1 Tasse gewürfelte Pilze
- 3/4 Tasse Butter
- 1/2 Tasse Mehl
- 1 Teelöffel trockener Senf
- 5 Tassen Hühner- oder Gemüsebrühe
- 1 Bund Brokkoli
- 11 fl oz Bier (verwenden Sie eine Dose oder Flasche und bewahren Sie einen Schluck für den Koch auf!)
- 6 Unzen Cheddar-Käse, gerieben
- 2 Esslöffel geriebener Parmesankäse
- Salz und Pfeffer nach Geschmack

Richtungen:

a) Das gewürfelte Gemüse in Butter anbraten.

b) Mehl und Senf unter das sautierte Gemüse mischen. Die Hühner- oder Gemüsebrühe zur Mischung hinzufügen und fünf Minuten kochen lassen.

c) Brokkoli in kleine Röschen zerteilen; Stiele in mundgerechte Stücke schneiden. Dämpfen, bis es zart-knusprig ist. Bier und Käse zur Suppe hinzufügen. 10-15 Minuten köcheln lassen. Gewürze prüfen.

d) Zum Servieren etwas Brokkoli in eine Suppenschüssel geben und die Suppe darüber schöpfen.

55. Belgische Endiviencremesuppe

Zutaten:

- 2 belgische Endivien, entkernt
- 1 weiße Zwiebel, gewürfelt
- 1 Knoblauchzehe, gewürfelt
- 2 Esslöffel Butter
- 2 große Kartoffeln, geschält und gewürfelt
- 2 Tassen Hühnerbrühe
- 1 Tasse Milch oder Sahne
- Salz und Pfeffer nach Geschmack
- gehackten Schnittlauch
- Dillzweige zum Garnieren

Richtungen:

a) Die belgischen Endivien fein hacken, ein paar kleine Blättchen zum Garnieren beiseite legen. Zwiebeln, Knoblauch und gehackte belgische Endivien drei Minuten lang in der Butter anbraten.

b) Kartoffeln und Hühnerbrühe dazugeben und etwa fünfzehn Minuten köcheln lassen, bis die Kartoffeln weich sind. Geben Sie dies in einen Mixer oder eine Küchenmaschine und verarbeiten Sie es, bis eine glatte Masse entsteht.

c) Milch, Salz und Pfeffer hinzufügen und verrühren. Heiß oder kalt servieren. Mit den kleinen belgischen Endivienblättern, Schnittlauch und Dill garnieren.

56. Schwarzwurzel-Pilz-Cremesuppe

Zutaten:

- 450 g Schwarzwurzeln (1 Pfund)
- 2 Zwiebeln, gehackt
- 3 EL Sonnenblumenöl
- 275 g Pilze (9 2/3 oz)
- 1 EL Olivenöl
- 1 l Wasser (2 1/8 Pints)
- 25 g Butter (1 Unze)
- 25 g Mehl (1 Unze)
- 1 1/2 dl Milch (1/4 Pint)
- Meersalz
- Schwarzer Pfeffer, frisch gemahlen

Richtungen:

a) Die Schwarzwurzeln in reichlich Wasser abschrubben, die Wurzelenden entfernen und in 1 cm lange Stücke schneiden. Die Zwiebeln mit den Schwarzwurzeln im Sonnenblumenöl 10 … 15 Minuten in einer schweren, abgedeckten Pfanne anschwitzen. Gelegentlich umrühren, um ein Anhaften zu vermeiden, da Schwarzwurzeln trocken sind.

b) In der Zwischenzeit die Pilze im Olivenöl schmoren, bis sie ihre Flüssigkeit abgegeben haben, die Flüssigkeit auffangen und die Pilze zu den Schwarzwurzeln und Zwiebeln geben. Mit Wasser bedecken und zum Kochen bringen; 20 Minuten köcheln lassen.

c) In einer schweren Pfanne die Butter schmelzen, das Mehl einrühren und nach und nach zuerst die Pilzflüssigkeit und dann die Milch hinzufügen. Wenn Sie eine dicke Soße haben, rühren Sie langsam die Flüssigkeit aus der Suppe ein, fügen Sie das Gemüse hinzu und verflüssigen Sie es.

d) Mit Salz und Pfeffer abschmecken.

57. <u>Curry-Mais- und Garnelensuppe</u>

Zutaten:

- 2 Tassen normalstarke Hühnerbrühe
- 2 mittelgroße säuerliche Äpfel (geschält, entkernt und gehackt)
- 1 große Zwiebel (gehackt)
- 1/2 Teelöffel Currypulver
- 1 große rote Paprika (ohne Stiel und Kerne)
- 4 Tassen kalte Buttermilch
- 1/4 Tasse Limettensaft
- 1 1/2 Tassen gekochte Maiskörner
- 1/2 Tasse gehackter frischer Koriander
- 1/3 Pfund kleine gekochte Garnelen
- Korianderzweige (optional)

Richtungen:

a) In einer 4- bis 5-Liter-Pfanne bei starker Hitze Brühe, Äpfel, Zwiebeln und Curry vermischen. Abdecken und zum Kochen bringen, dann köcheln lassen, bis sich die Äpfel leicht zerdrücken lassen

b) Abkühlen lassen, dann abdecken und kalt stellen, mindestens 3 Stunden oder bis zu einem Tag. Die Mischung in einem Mixer oder einer Küchenmaschine glatt pürieren.

c) Von der Paprika ein paar dünne Streifen abschneiden und beiseite legen; Den restlichen Pfeffer würfeln und mit Apfelpüree, Buttermilch, Limettensaft, 1 1/4 Tassen Mais und gehacktem Koriander in eine Terrine geben. Suppe in Schüsseln füllen und mit Garnelen, restlichem Mais, Paprikastreifen und Korianderzweigen belegen.

58. Curry-Kürbis-Apfel-Suppe

Zutaten:

- 1/4 Tasse Butter
- 1 Knoblauchzehe
- 1Zwiebel
- 1Lauch
- 1 großer Apfel, geschält und gehackt
- 1 Esslöffel Currypulver
- 2 Tassen gehackter frischer Kürbis
- 4 Tassen Brühe
- 1 Tasse Schlagsahne
- Salz und Pfeffer
- Apfelspalten

Richtungen:

a) Butter im Topf schmelzen. Knoblauch, Zwiebel, Lauch und Apfel anbraten. Currypulver einrühren und 1 Minute unter ständigem Rühren kochen lassen. Kürbis und Brühe hinzufügen. Unter gelegentlichem Rühren zum Kochen bringen.

b) Hitze reduzieren und köcheln lassen, bis das Gemüse weich ist. Alles im Mixer oder in der Küchenmaschine pürieren. Zurück in den Topf geben und die gesamte Sahne bis auf 2 Esslöffel einrühren.

c) Mit Salz und Pfeffer würzen. Zum Servieren mit frischen Apfelspalten garnieren und etwas Sahne darübergießen.

59. Scharf-saure Garnelensuppe

Zutaten:

- 1 Pfund Garnelen
- 2 Sticks frisch oder 2 Esslöffel. getrocknetes Zitronengras
- 4 frische oder getrocknete Kaffernlimettenblätter oder
- 1 Esslöffel fein geriebene Zitronenschale
- 1 1/2 qt Hühnerbrühe
- 1 Esslöffel Fischsauce oder Salz nach Geschmack
- 3 Esslöffel frischer Limettensaft oder nach Geschmack
- 1 Teelöffel Thai-Chilipaste
- 1/4 Teelöffel Zucker
- 1/2 Teelöffel Öl
- 15 oz Dose Strohpilze
- 3 frische scharfe grüne Chilis
- 3 Esslöffel Koriander

Richtungen:

a) Garnelen waschen, schälen und entkernen. Muscheln aufbewahren. Garnelen nochmals waschen, abtropfen lassen, trocken tupfen, abdecken und im Kühlschrank aufbewahren.

b) Wenn Sie frisches Zitronengras verwenden, schneiden Sie jedes Stäbchen in drei 5 cm große Stücke – beginnend am abgerundeten unteren Ende. Entsorgen Sie die strohähnliche Spitze. Die 6 Stücke leicht zerdrücken.

c) In einer Pfanne Zitronengras, Limettenblätter, Brühe und Garnelenschalen vermischen. Zum Kochen bringen. Reduzieren Sie die Hitze und lassen Sie es 20 Minuten lang sanft köcheln. Brühe abseihen, dann Fischsauce, Limettensaft und Chilipaste hinzufügen. Fischsauce und Limettensaft nach Geschmack anpassen.

d) Strohpilze abtropfen lassen und in die Brühe geben.

e) Kurz vor dem Servieren die Garnitur zubereiten. Grüne Chilis in feine Scheiben schneiden. Koriander waschen und trocknen. Erhitzen Sie die Suppe kurz vor dem Servieren. Wenn sie zu kochen beginnt, geben Sie die geschälten Garnelen hinein.

f) Bei mittlerer Hitze 2 Minuten kochen, bis die Garnelen undurchsichtig werden. Mit Chilis und Korianderblättern garnieren. Heiß servieren.

60. <u>Ungarische Kirschsuppe</u>

Zutaten:

- 1 Pfund Schattenmorellen, entkernt, Kerne und Stiele reserviert
- 3 Tassen Riesling oder anderer trockener Weißwein
- 1/4 Tasse Zucker
- 1 Zoll Zimtstange
- 2 Zitronen, 1 geschält und die Schale zurückbehalten, beides auspressen
- 1/2 Tasse Brandy (optional)
- 2 Tassen Sauerrahm

Richtungen:

a) Zerdrücken Sie einige Kirschkerne und geben Sie dann alle Kerne und Stiele mit dem Wein, dem Zucker, der Zimtstange und dem Saft beider Zitronen und der Schale einer Zitrone in einen Topf. 5 Minuten köcheln lassen, dann mindestens 15 Minuten ziehen lassen. Abseihen, erneut zum Kochen bringen und die Kirschen und ihren Saft hinzufügen.

b) Sofort vom Herd nehmen und lauwarm abkühlen lassen.

c) Brandy einrühren. Den Sauerrahm in eine Terrine geben, dann nach und nach die Kirschsuppe hinzufügen und gründlich verrühren. Gekühlt servieren.

61. Indisch gewürzte Erbsensuppe

Zutaten:

- 3 Esslöffel gehackter frischer Ingwer
- 10 Knoblauchzehen, zerdrückt und geschält
- 2 Serrano-Chilis, entkernt und gehackt
- 1/4 Teelöffel gemahlener Kreuzkümmel
- 3 Esslöffel Rapsöl
- 2 Lorbeerblätter
- 1/2 mittelgroße Zwiebel, gehackt
- 4 Tassen Wasser (kann Gemüse- oder Hühnerbrühe verwenden, falls vorhanden)
- 16 Unzen gefrorene Erbsen (oder das Äquivalent, frisch und geschält)
- 1 Esslöffel frischer Zitronensaft
- Salz und Pfeffer nach Geschmack

Richtungen:

a) Verwenden Sie eine Küchenmaschine, einen Mixer oder Mörser und Stößel, um Ingwer, Knoblauch, Chilis, Kreuzkümmel und 3 Esslöffel Wasser zu einer Paste zu verrühren.

b) In einem großen Topf das Öl bei mittlerer bis hoher Hitze erhitzen. Sobald das Öl zu platzen beginnt, die Lorbeerblätter hinzufügen und 1 Minute lang anbraten. Die Zwiebeln dazugeben und anbraten, bis sie anfangen, leicht zu bräunen. Die Knoblauch-Ingwer-Paste einrühren und eine weitere Minute kochen lassen.

c) Wasser oder Brühe hinzufügen und gut umrühren; erhitzen, bis die Suppe zu kochen beginnt. Die Erbsen dazugeben und 5 Minuten köcheln lassen, bis die Erbsen hellgrün sind

d) Die Suppe vom Herd nehmen und die Lorbeerblätter entfernen. Salz und Pfeffer hinzufügen und anschließend mit einem Stabmixer pürieren. Alternativ können Sie die Suppe 10 Minuten lang abkühlen lassen und sie dann in einen normalen Mixer füllen.

e) Abdecken (ein Küchentuch verwenden – den Mixer nicht direkt berühren) und einige Minuten mixen, bis die Suppe glatt ist. Nach Belieben mit zerbröckeltem Käse und einer Prise Kreuzkümmel servieren

62. Italienische Hühnersuppe

Zutaten:

- 1 Esslöffel Olivenöl
- 1 grüne Paprika, gewürfelt
- 1 kleine Zwiebel, gehackt
- 3 große Knoblauchzehen, gehackt
- 1 Esslöffel getrocknetes Basilikum
- 2 Teelöffel Fenchelsamen
- 1/4 Teelöffel getrockneter, zerstoßener roter Pfeffer
- 6 Tassen salzarme Hühnerbrühe aus der Dose
- 2 mittelgroße Zucchini, gewürfelt
- 1 Karotte, gewürfelt
- 1 9-Unzen-Packung Frischkäse-Ravioli
- 1 1/2 Tassen gewürfeltes gekochtes Hühnchen
- Geriebener Parmesankäse

Richtungen:

a) Öl in einem schweren großen Topf bei mittlerer Hitze erhitzen. Paprika, Zwiebel, Knoblauch, Basilikum, Fenchelsamen und zerstoßene rote Paprika hinzufügen und etwa 10 Minuten anbraten, bis das Gemüse gerade zart ist. Brühe hinzufügen.

b) Topf abdecken und 10 Minuten köcheln lassen. Zucchini und Karotte hinzufügen. Abdecken und etwa 5 Minuten köcheln lassen, bis die Karotte fast weich ist. Erhöhen Sie die Hitze auf eine hohe Stufe und bringen Sie die Suppe zum Kochen. Ravioli hinzufügen und ca. 5 Minuten kochen lassen, bis sie weich sind. Fügen Sie das Huhn hinzu und kochen Sie es etwa 1 Minute lang, bis es durchgewärmt ist.

c) Suppe mit Salz und Pfeffer abschmecken. Suppe in Schüsseln füllen. Servieren und den Käse separat verteilen.

63. Jalapeno-Käsesuppe

Zutaten:

- 6 Tassen Hühnerbrühe
- 8 Selleriestangen
- 2 Tassen gewürfelte Zwiebeln
- 3/4 Teelöffel Knoblauchsalz
- 1/4 Teelöffel weißer Pfeffer
- 2 Pfund Velveeta-Käse
- 1 Tasse gewürfelte Jalapenopfeffer
- Sauerrahm
- Mehl Tortillas

Richtungen:

a) Selleriestangen, Zwiebeln und Jalapenos würfeln. Velveeta in Würfel schneiden.

b) In einen großen Topf Hühnerbrühe, Sellerie, Zwiebeln, Knoblauchsalz und weißen Pfeffer geben. Bei starker Hitze 10 Minuten kochen lassen oder bis die Mischung einkocht und leicht eindickt.

c) Geben Sie die Brühe und den Käse in einen Mixer oder eine Küchenmaschine. Pürieren Sie sie zusammen, bis die Mischung glatt ist. Die pürierte Mischung wieder in den Topf geben und 5 Minuten köcheln lassen. Die gewürfelten Paprika dazugeben und gut vermischen.

d) Mit einem Klecks Sauerrahm und warmen Mehl-Tortillas servieren.

64. Lachspastete

Zutaten:

- 8 Unzen Frischkäse
- 1 TL Meerrettich
- 1 EL Zitronensaft
- 1 c Gekochter Lachs
- 2 TL gehackte Zwiebeln
- 2 EL gehackte frische Petersilie
- 1/4 TL Flüssigrauch

Richtungen:

a) Frischkäse, Meerrettich, Zitronensaft, gekochten Lachs, Zwiebeln, Petersilie und Flüssigrauch in einer Rührschüssel vermischen.

b) Die Mischung in eine Servierschüssel geben; Mit Petersilienzweigen garnieren.

c) Mit Partyroggen oder Crackern servieren. Ergibt 2 Tassen Lachspastete.

65. <u>Pekannusspudding</u>

Zutaten:

- 1 EL Butter oder Margarine
- 1 Stück großes geschlagenes Eiweiß
- 1/3 c Dunkler Maissirup
- 1/4 TL Vanille
- 2 EL ungebleichtes Mehl
- 1/8 TL Backpulver
- 1/4 c gehackte Pekannüsse
- Puderzucker

Richtungen:

a) In einem 15-Unzen-Puddingbecher die Butter oder Margarine ohne Deckel bei 100 % Leistung 30 bis 40 Sekunden lang in der Mikrowelle erhitzen oder einfach so lange erhitzen, bis sie geschmolzen ist.

b) Rühren Sie die Butter im Puddingbecher um und bestreichen Sie dabei die Seiten und den Boden.

c) Gießen Sie die überschüssige Butter aus dem Puddingbecher in das geschlagene Ei.

d) Dunklen Maissirup und Vanille unterrühren.

e) Mehl und Backpulver verrühren.

f) Mehlmischung unter die Eimischung rühren. Gehackte Pekannüsse vorsichtig unterheben.

g) Gießen Sie die Pekannussmischung in den mit Butter bestrichenen 15-Unzen-Vanillepuddingbecher. Erhitzen Sie die Mikrowelle ohne Deckel bei 50 % Leistung für 3 bis 4 Minuten oder bis die Pekannussmischung gerade fest ist, und drehen Sie dabei den Puddingbecher jede Minute eine halbe Umdrehung.

h) Etwas Puderzucker darübersieben. Nach Belieben warm mit leichter Sahne servieren.

66. Baisertörtchen mit Erdbeeren

Zutaten:

- 1 Tasse Zucker
- 1/2 Teelöffel Backpulver
- 1/8 Teelöffel Salz
- 3 Stück Eiweiß
- 1 Teelöffel Vanille
- 1 Teelöffel Essig
- 1 Teelöffel Wasser
- Frisch geschnittene Erdbeeren

Richtungen:

a) Den Zucker mit Backpulver und Salz sieben.

b) Eiweiß, Vanille, Essig und Wasser verrühren.

c) Geben Sie jeweils einen halben Teelöffel Zuckermischung abwechselnd mit ein paar Tropfen der Flüssigkeit zum Eiweiß und schlagen Sie dabei ständig weiter. Wenn alles gut vermischt ist, schlagen Sie noch einige Minuten lang weiter.

d) Geben Sie große Löffel auf das Backblech und formen Sie flache Tassen.

e) Bei 225 Grad F 45 Minuten bis 1 Stunde backen.

f) Nehmen Sie die Baiser schnell vom Blech und lassen Sie sie auf einem Gitter abkühlen.

g) Mit den Erdbeeren füllen.

67. Schnelles Rosinen-Dessert

Zutaten:

- 1 Tasse weißer Zucker
- 1 Tasse Mehl
- 2 TL Backpulver
- Prise Salz
- 1 Tasse Rosinen
- 1/2 Tasse Milch

Richtungen:

a) Zucker, Mehl, Backpulver und Salz vermischen. Gut mischen; Rosinen und Milch einrühren.

b) In eine gefettete 20 x 27 cm große Backform geben und bei 350 Grad 30–35 Minuten backen.

68. <u>Kaffee-Likör-Mousse</u>

Zutaten:
- 4 Eier, getrennt
- 1/4 c Kaffeelikör
- 1/4 c Ahornsirup
- 1/8 c Cognac
- 1 Tasse Wasser
- 1 Tasse Schlagsahne

Richtungen:

a) In einem Mixer oder mit einem elektrischen Rührgerät Eigelb, Ahornsirup und Wasser verrühren. In einen Topf geben und zum Kochen bringen. Vom Herd nehmen und Kaffeelikör und Cognac hinzufügen. Kühlen.

b) Sahne und Eiweiß schlagen, bis sich weiche Spitzen bilden.

c) Vorsichtig unter die gekühlte Likörmischung heben.

d) In Demitasse-Gläser füllen und 2 Stunden kalt stellen.

69. Erdnussbutter-Kussriegel

Zutaten:

- 1/2 c cremige Erdnussbutter
- 1/4 c Butter oder Margarine
- 1 c hellbrauner Zucker, verpackt
- 2 Eier
- 1 Teelöffel Vanille
- 2/3 c ungesiebtes Allzweckmehl
- 1 c gehackte gesalzene Erdnüsse
- Je 16 Schokoküsse, unverpackt

Richtungen:

a) Erdnussbutter, Butter und braunen Zucker in der Rührschüssel schaumig rühren. Eier und Vanille hinzufügen; Gut schlagen. Mehl untermischen und 3/4 Tasse gehackte Erdnüsse unterrühren.

b) Gleichmäßig in einer gefetteten quadratischen Pfanne von 9 x 9 x 2 Zoll verteilen.

c) Mit den restlichen Erdnüssen bestreuen.

d) Bei 350 F 25 bis 30 Minuten backen oder bis es leicht gebräunt ist.

e) Aus dem Ofen nehmen; Drücken Sie sofort die Schokoladenküsse oben hinein, um Platz zum Schneiden der Riegel in Quadrate zu schaffen.

f) Vollständig abkühlen lassen; aus der Pfanne nehmen.

70. <u>Dekadente Eistorte</u>

Zutaten:
- 2 1/4 c Makronen; zerbröselt, geteilt
- 3 c Schokoladeneis; leicht aufgeweicht
- 5 Heideriegel; grob gehackt
- 4 EL Schokoladensirup
- 3 EL Kahlua
- 3 c Vanilleeis; leicht aufgeweicht

Richtungen:

a) Den Boden einer runden 8-Zoll-Springform mit 1 1/4 Tasse Makronen belegen. Schokoladeneis gleichmäßig auf den Makronen verteilen.

b) Streuen Sie 4 der zerkleinerten Heath-Riegel über das Eis.

c) 3 Esslöffel Schokoladensirup und 2 Esslöffel davon darüberträufeln

d) Kahlua über dem Schokoladeneis. Mit den restlichen Makronen bedecken. Gleichmäßig mit Vanilleeis belegen. Streuen Sie die restlichen zerkleinerten Heath-Riegel über das Eis, dann den Schokoladensirup und Kahlua.

e) Abdecken und mindestens 8 Stunden oder über Nacht einfrieren.

f) Wenn Sie zum Servieren bereit sind, führen Sie die Klinge eines Küchenmessers über die Kanten

g) Nehmen Sie den Rand der Form ab, entfernen Sie die Seiten und legen Sie die Eistorte auf eine Servierplatte. In Scheiben schneiden und servieren.

71. Glühender Salat

Zutaten:

- 6 Unzen Kirschgelee
- 4 Unzen Red Hots Candy
- 3 c kochendes Wasser
- 20 oz Ananas, zerkleinert, nicht abgetropft
- 2 c Apfelmus

Richtungen:

a) Wackelpudding und Zimt-Red Hots in kochendem Wasser auflösen; Beiseite stellen und auf Raumtemperatur abkühlen lassen.

b) Wenn die Götterspeise abgekühlt ist, fügen Sie Ananas und Apfelmus hinzu. In eine geölte 8-Tassen-Form gießen.

72. Erdnussbutter-Schokoladenquadrate

Zutaten:

- 1 1/3 c Erdnussbutter, glatt oder knusprig
- 2/3 c Kristallzucker
- 2 EL Allzweckmehl
- 2 Eiweiß
- 1 1/4 c gehackte Walnüsse, geteilt
- 5 1,65 Unzen Milchschokoladentafeln

Richtungen:

a) Backofen auf 325 Grad vorheizen.

b) In einer mittelgroßen Rührschüssel Erdnussbutter, Zucker, Mehl und Ei vermischen

c) Weiße; 3/4 Tasse der Walnüsse unterrühren.

d) Die Mischung in einer leicht gefetteten 9 x 13 Zoll großen Pfanne verteilen.

e) 10 bis 12 Minuten backen oder bis die Ränder leicht gebräunt sind. In der Zwischenzeit die Schokolade in 2,5 bis 5 Zentimeter große Stücke brechen.

f) Kekse aus dem Ofen nehmen; Legen Sie sofort Schokolade auf die Kekse. Zurück in den Ofen und noch 1 Minute backen. Aus dem Ofen nehmen; Die Kekse mit geschmolzener Schokolade bestreichen und mit den restlichen Walnüssen bestreuen.

g) Noch warm in Quadrate schneiden.

73. <u>Pfirsich-Melba-Dessert</u>

Zutaten:

- 2 c Pfirsiche; in Scheiben geschnitten, geschält
- 2 c Himbeeren
- 3/4 c Zucker
- 2 EL Wasser
- Eiscreme; Vanille

Richtungen:

a) In einem Topf Pfirsiche, Himbeeren, Zucker und Wasser zum Kochen bringen.

b) Hitze reduzieren und 5 Minuten köcheln lassen.

c) Bei Bedarf kalt stellen.

d) Über Eis servieren.

74. <u>Gefrorener Zimt-Nuss-Joghurt</u>

Zutaten:
- 4 c Vanillejoghurt
- 1 c Zucker
- 1/2 TL Zimt
- Salz
- 1 c Schlagsahne
- 1 TL Vanille
- 1 c Walnussstücke

Richtungen:
a) Joghurt, Zucker, Zimt und Salz in der Rührschüssel gründlich vermischen. Schlagsahne und Vanille unterrühren. Nüsse hinzufügen.
b) Abdecken und 30 Minuten im Kühlschrank lagern.
c) Gemäß den Anweisungen des Herstellers einfrieren.

75. Fünf-Minuten-Fudge

Zutaten:

- 2/3 Tasse Kondensmilch
- 1-2/3 Tasse Zucker
- 1/2 Teelöffel Salz
- 1-1/2 Tasse Marshmallows (Miniaturen eignen sich am besten)
- 1-1/2 Tasse Schokoladenstückchen (halbsüß)
- 1 Teelöffel Vanille

Richtungen:

a) Milch, Zucker und Salz in einem Topf bei mittlerer Hitze vermischen.

b) Zum Kochen bringen und 4–5 Minuten unter ständigem Rühren kochen lassen (beginnen Sie mit der Zeitmessung, wenn die Mischung anfängt, an den Ecken der Pfanne zu „blubbern"). Vom Herd nehmen. Marshmallows, Schokoladenstückchen und Vanille hinzufügen. 1 Minute lang kräftig rühren (oder bis die Marshmallows vollständig geschmolzen und vermischt sind). In eine gebutterte quadratische 8-Zoll-Pfanne gießen. Abkühlen lassen, bis es nicht mehr herausfällt oder in der Pfanne herumschwappt.

c) Du magst Nüsse? Fügen Sie 1/2 Tasse gehackte Nüsse hinzu, bevor Sie sie in die Pfanne gießen.

76. Mandel-Hafer-Kruste

Zutaten:

- 1 c. gemahlene Mandeln
- 1 c. Hafermehl
- 1/2 Teelöffel Salz
- 1/4 c. Wasser oder Saft

Richtungen:

a) Mahlen Sie Mandeln und Haferflocken im Mixer, bis sie fein sind, oder mahlen Sie Haferflocken und Mandeln in der Küchenmaschine und fügen Sie Salz und Wasser hinzu, während die Küchenmaschine in Betrieb ist. Salz hinzufügen und gut vermischen. Wasser hinzufügen. Gut mischen. In eine Kuchenform drücken oder mit einem Nudelholz zwischen zwei Stücken Wachspapier ausrollen.

b) 15 Minuten bei 350° backen. ERGEBNIS: 1 Tortenboden.

77. <u>Apfel-Fantasie-Dessert</u>

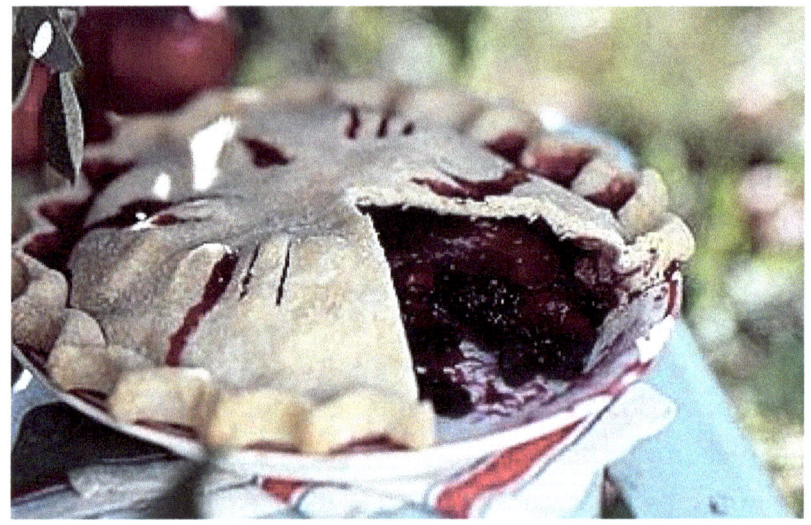

Zutaten:

- 2/3 c. Mehl
- 3 Teelöffel Backpulver
- 1/2 Teelöffel Salz
- 2 Eier
- 1 c. Kristallzucker
- 1/2 c. brauner Zucker
- 3 Teelöffel Vanille oder Rum oder Bourbon
- 3 c. gewürfelte Äpfel

Richtungen:

a) Eier verquirlen, Zucker und Vanille hinzufügen und gut verrühren. Trockene Zutaten hinzufügen und vermischen. Geben Sie die Äpfel hinein und rühren Sie, bis sie gleichmäßig verteilt sind. In eine tiefe Auflaufform oder Auflaufform geben.

b) 45 Minuten bei 350 °C backen. Warm servieren.

78. Avocado Eiscreme

Zutaten:
- Avocados
- Zitronensaft
- 1 Dose (14 oz/400 ml) vollfette Kokosmilch
- 1 Tasse / 100 g bevorzugtes flüssiges Süßungsmittel wie Ahornsirup oder Agavensirup

Richtungen:

a)   Stellen Sie die Dose Kokosmilch über Nacht in den Kühlschrank.

b)   Die Avocados halbieren, den Kern entfernen und das Avocadofleisch herauslöffeln.

c)   Geben Sie das Avocadofleisch zusammen mit dem Zitronensaft in eine Küchenmaschine und mixen Sie es, bis eine perfekt glatte Avocadocreme entsteht.

d)   Öffnen Sie die Kokosmilchdose verkehrt herum (so dass die harte Sahne oben liegt).

e)   Löffeln Sie die Kokoscreme aus, bis Sie das Kokoswasser erreichen

f)   Die Kokoscreme in einer Schüssel aufschlagen, bis eine schöne, weiche Kokos-Schlagsahne entsteht. Fügen Sie die Avocadocreme und den Reissirup hinzu und verrühren Sie alles, bis es eingearbeitet ist.

g)   Geben Sie das Eis in eine gefrierfeste Form.

h)   Legen Sie es für mindestens 4 Stunden in den Gefrierschrank.

i)   Wenn das Auslöffeln nach 4 Stunden zu schwierig ist, lassen Sie es ein oder zwei Minuten bei Zimmertemperatur ruhen. Genießen!

79. Bananencreme Kuchen

Zutaten:

- 3 c. SOJAMILCH (58)
- 1/2 c. Honig
- 1/2 c. rohe Cashewnüße
- 1/4 Teelöffel Salz
- 1/3 c. Maisstärke
- 2 Teelöffel Vanille
- 1/3 c. entsteinte Datteln
- 2-3 geschnittene Bananen

Richtungen:

a) Alle Zutaten außer Bananen verflüssigen. In einen Topf gießen und bei mittlerer Hitze unter ständigem Rühren kochen, bis die Masse eingedickt ist. Gießen Sie eine dünne Schicht der „Pudding"-Mischung in eine gebackene Tortenform oder eine Schicht Müsli und fügen Sie dann eine Schicht geschnittene Bananen hinzu.

b) Wiederholen Sie den Vorgang, fügen Sie dann den restlichen Vanillepudding hinzu und garnieren Sie ihn mit gehobelten Mandeln. Über Nacht KÜHLEN und kalt SERVIEREN.

80. Beeren-Narr

Zutaten

- 1 (12-Unzen) Packung gefrorene Himbeeren oder Erdbeeren (nicht in Sirup), aufgetaut
- 1/4 Tasse plus 1 Esslöffel Zucker, geteilt
- 1 Tasse schwere Schlagsahne

Richtungen

a) In einem Mixer oder einer Küchenmaschine Himbeeren oder Erdbeeren mit 1/4 Tasse Zucker vermischen. So lange verarbeiten, bis die Beeren püriert sind, dabei bei Bedarf den Rand abkratzen.

b) In einer großen Schüssel die Sahne mit dem Mixer schlagen, bis sich weiche Spitzen bilden. Den restlichen 1 Esslöffel Zucker hinzufügen und weiter schlagen, bis sich steife Spitzen bilden.

c) Mit einem Gummispatel vorsichtig das Himbeerpüree unterheben, so dass einige Streifen weißer Schlagsahne übrig bleiben. In vier einzelne Parfaitgläser füllen. 2 Stunden im Kühlschrank lagern und dann servieren.

81. Beeren-Tiramisu

Zutaten

- 1 1/2 Tassen gebrühter Kaffee
- 2 Esslöffel Sambuca
- 1 Esslöffel Kristallzucker
- 1 Pfund Behälter Mascarpone-Käse
- 1/4 Tasse Sahne
- 2 Esslöffel Puderzucker
- Ladyfinger-Kekse
- Kakaopulver
- 2 Tassen gemischte Beeren

Richtungen

a) In einer flachen Schüssel 1 1/2 Tassen gebrühten Kaffee, 2 Esslöffel Sambuca und 1 Esslöffel Kristallzucker verrühren, bis sich der Zucker aufgelöst hat.

b) In einer separaten Schüssel einen 1-Pfund-Behälter Mascarpone-Käse, 1/4 Tasse Sahne und 2 Esslöffel Puderzucker verquirlen.

c) Benutzen Sie so viele Löffelbiskuits, dass der Boden einer 20 cm großen quadratischen Auflaufform bedeckt ist, tauchen Sie die Löffelbiskuits in die Kaffeemischung und verteilen Sie sie in einer gleichmäßigen Schicht auf dem Boden der Backform.

d) Die Hälfte der Mascarpone-Mischung darauf verteilen. Wiederholen Sie die beiden Schichten. Mit Kakaopulver und 2 Tassen gemischten Beeren bestreuen. Stellen Sie das Tiramisu mindestens 2 Stunden und bis zu 2 Tage lang in den Kühlschrank.

82. Butter-Rum-Karamell

Zutaten

- Pflanzenöl zum Einfetten
- 2 Tassen verpackter hellbrauner Zucker (14 oz)
- 1 Tasse Sahne
- 1/2 Stange (1/4 Tasse) ungesalzene Butter
- 1/4 Teelöffel Salz
- 1/4 Tasse plus 1 Teelöffel dunkler Rum
- 1/4 Teelöffel Vanille
- Sonderausstattung: Pergamentpapier; ein Bonbon- oder Frittierthermometer

Richtungen:

a) Den Boden und die Seiten einer quadratischen 8-Zoll-Backform mit Pergamentpapier und Ölpergament auslegen.

b) Braunen Zucker, Sahne, Butter, Salz und 1/4 Tasse Rum in einem 3 bis 4 Liter schweren Topf zum Kochen bringen, dabei umrühren, bis die Butter geschmolzen ist, dann bei mäßiger Hitze unter häufigem Rühren kochen, bis das Thermometer 248 °C anzeigt F (Festballphase), ca. 15 Minuten. Vom Herd nehmen und Vanille und den restlichen Teelöffel Rum einrühren. In eine Backform gießen und 1 bis 2 Stunden lang vollständig abkühlen lassen, bis die Masse fest ist.

c) Karamell umdrehen und auf ein Schneidebrett legen, dann das Pergament wegwerfen und die glänzende Seite des Karamells nach oben drehen. In 1-Zoll-Quadrate schneiden.

83. **Zitronat**

Zutaten:
- Schale von 4 Zitronen, 3 Orangen oder 2 Grapefruits
- 1 Tasse Zucker
- 1/3 Tasse Wasser

Richtungen

a) Zuerst die Schale in 1 Liter Wasser 6 Minuten köcheln lassen. Abgießen, mit kaltem Wasser abspülen und beiseite stellen. Zucker und Wasser zum Kochen bringen.

b) Wenn sich der Zucker aufgelöst hat, decken Sie die Pfanne ab und kochen Sie einige Minuten lang, bis die letzten Tropfen Sirup vom Ende eines Metalllöffels fallen und einen Faden bilden. Vom Herd nehmen, Schale einrühren und 1 Stunde ziehen lassen.

c) Gebrauchsfertig oder abgedeckt im Kühlschrank aufbewahren.

84. Kardamom-Kokos-Panna Cotta

Zutaten

- 1 Tasse ungesüßte Kokosflocken
- 3 Tassen Sahne
- 1 Tasse Buttermilch
- 4 grüne Kardamomkapseln, leicht zerstoßen, eine Prise koscheres Salz
- 2 Teelöffel granulierte Gelatine
- 1 Esslöffel Wasser
- ⅓ Tasse Kristallzucker
- Teelöffel Rosenwasser

Richtungen

a) Den Backofen auf 350° vorheizen. Die Kokosnuss auf ein Blech streuen und in den Ofen stellen. Etwa 5 Minuten backen, bis es geröstet und goldbraun ist. Aus dem Ofen nehmen und beiseite stellen.

b) In einem mittelgroßen Topf bei mittlerer bis hoher Hitze Sahne, Buttermilch, Kardamom und Salz vermischen und kurz zum Kochen bringen. Die Pfanne vom Herd nehmen, die geröstete Kokosnuss dazugeben und 1 Stunde ruhen lassen. Die Mischung durch ein feinmaschiges Sieb passieren und die Feststoffe entfernen.

c) In einer mittelgroßen Schüssel Gelatine und Wasser vermischen. 5 Minuten beiseite stellen.

d) In der Zwischenzeit den Topf wieder auf mittlere Hitze stellen, den Zucker hinzufügen und etwa 1 Minute kochen lassen, bis sich der Zucker aufgelöst hat. Gießen Sie die abgesiebte Sahnemischung vorsichtig über die Gelatinemischung und verrühren Sie, bis sich die Gelatine aufgelöst hat. Das Rosenwasser unterrühren und die Mischung in 8 Auflaufförmchen mit je 100 Gramm aufteilen. In den Kühlschrank stellen und mindestens 2 Stunden bis über Nacht kalt stellen, bis es fest ist

e) Bereiten Sie die kandierten Rosenblätter zu: Ein Backblech mit Backpapier auslegen. In einer kleinen Schüssel Zucker und Kardamom vermischen. Mit einem Backpinsel beide Seiten jedes Rosenblatts mit Eiweiß bestreichen und vorsichtig in den Zucker tauchen. Zum vollständigen Trocknen auf dem Pergamentpapier beiseite stellen

f) Die Panna Cotta gekühlt servieren und jede Portion mit Rosenblättern garnieren.

85. Chicorée-Crème-Brûlée

Zutaten:

- 1 Esslöffel Butter
- 3 Tassen Sahne
- 1 1/2 Tassen Zucker
- 1 Tasse Chicorée-Kaffee
- 8 Eigelb
- 1 Tasse Rohzucker
- 20 kleine Shortbread-Kekse

Richtungen

a) Heizen Sie den Ofen auf 275 Grad F vor. Fetten Sie 10 (4 Unzen) Auflaufförmchen ein. In einem Topf bei mittlerer Hitze Sahne, Zucker und Kaffee vermischen.

b) Schneebesen, bis alles glatt ist. In einer kleinen Rührschüssel die Eier glatt rühren. Eigelb in die heiße Sahnemischung einrühren. Vom Herd nehmen und abkühlen lassen. In die einzelnen Auflaufförmchen füllen. Legen Sie die Auflaufförmchen in eine Auflaufform.

c) Füllen Sie die Form mit Wasser bis zur Hälfte der Auflaufform. In den Ofen auf die unterste Schiene stellen und ca. 45 Minuten bis 1 Stunde garen, bis die Mitte fest ist.

d) Aus dem Ofen nehmen und wässern. Vollständig abkühlen lassen.

e) Bis zum Abkühlen im Kühlschrank aufbewahren. Streuen Sie den Zucker darüber und schütteln Sie den Überschuss ab. Mit einem Handbrenner den Zucker oben karamellisieren. Servieren Sie die Crème Brûlée mit Shortbread-Keksen.

86. Minz-Schokoladen-Fondue

Zutaten:

- 1/2 Tasse Sahne
- 2 Esslöffel Pfefferminzlikör
- 8 Unzen halbsüße Schokolade

Richtungen

a) Die Sahne bei mittlerer Hitze erwärmen

b) Likör hinzufügen

c) Die Schokolade reiben oder in kleine Stücke brechen und unter Rühren langsam zur Masse hinzufügen

d) Rühren, bis die Schokolade geschmolzen ist

87. Schokoladenpudding mit Topper

Zutaten

- 1/2 Tasse Kristallzucker
- 1/3 Tasse ungesüßtes Kakaopulver, gesiebt
- 3 Esslöffel Maisstärke 1/8 Teelöffel Salz
- ½ Tassen 1 % fettarme Milch
- 1/2 Tasse fettarmer Vanillejoghurt
- 1 Teelöffel Vanilleextrakt
- Optionale Beläge: Zerkleinerte Graham-Cracker, gehackte Nüsse, Müsli, Blaubeeren, Himbeeren, Bananenscheiben, Erdbeerscheiben, leichte Schlagsahne

Richtungen

a) Zucker, Kakao, Maisstärke und Salz in einem mittelgroßen Topf verrühren. Nach und nach die Milch unterrühren, bis alles gut vermischt ist.

b) Bei mittlerer bis hoher Hitze erhitzen und unter ständigem Rühren köcheln lassen. Die Hitze reduzieren und unter leichtem Rühren weiter köcheln lassen, bis die Mischung leicht eindickt (ca. 2 Minuten).

c) Vom Herd nehmen und Joghurt und Vanille unterrühren. Die Mischung in 6 einzelne Servierschüsseln verteilen. Mit Frischhaltefolie oder Wachspapier abdecken (dies verhindert die Bildung eines Films) und mindestens 1 Stunde kalt stellen. Nach Belieben mit Toppings bestreuen und servieren.

88. Schokoladen-Toffee-Cracker-Crunch

Zutaten:

- 1,5 Hülsen Salzcracker oder 6-8
- Matzoh-Blätter (genug, um ein 11 x 17 großes Backblech zu füllen)
- 1 Stange (8 Esslöffel) Butter
- 1 Tasse dunkelbrauner Zucker
- 2 Tassen bittersüße Schokoladenstückchen
- 1 Teelöffel Meersalz, plus etwas mehr zum Bestreuen

Richtungen

a) Heizen Sie den Ofen auf 350˚F vor. Legen Sie die Saltines auf ein mit Backpapier ausgelegtes Backblech und achten Sie darauf, dass sie möglichst fest sitzen. Brechen Sie die Saltines, um sie an die Ränder anzupassen oder eventuelle Löcher zu füllen. Bewahren Sie die zerbrochenen Stücke für später auf.

b) In einem kleinen Topf Butter und Zucker bei mittlerer Hitze schmelzen und dabei gelegentlich umrühren, damit das Karamell nicht anbrennt. Das Karamell zum Kochen bringen und 2 Minuten kochen lassen. Das Salz einrühren und dann über die Cracker gießen und mit einem hitzebeständigen Spatel verteilen, um alle fehlenden Stellen abzudecken (das Toffee wird sehr schnell dicker, also unbedingt schnell machen).

c) Backen Sie die Toffee-Cracker 10 Minuten lang, bis das Toffee Blasen bildet. Aus dem Ofen nehmen und 1 Minute abkühlen lassen.

d) Streuen Sie die Schokoladenstückchen über das heiße Toffee. Lassen Sie sie einige Minuten ruhen, bis sie zu schmelzen beginnen. Verteilen Sie die Schokolade gleichmäßig auf dem Toffee. Die übriggebliebenen Salzstücke zu kleinen Krümeln zerkleinern (oder 5-7 Salzstücke zu Krümeln zerkleinern) und heiß über die Schokolade streuen. Sie können die Schokolade auch mit etwas Meersalz bestreuen.

e) Die Cracker abkühlen lassen, bis die Schokolade ausgehärtet ist.

f) In Stücke brechen und in einem luftdichten Behälter bis zu einer Woche aufbewahren.

89. Fondue

Zutaten:

- 1 Tasse Apfelwein (zum Mischen mit Käse)
- 1/4 Tasse Apfelwein (zum Mischen mit Maisstärke und Senf)
- 2 Teelöffel Zitronensaft
- 1 Esslöffel Zwiebel (fein gehackt)
- 3 Tassen Cheddar-Käse (gerieben)
- 1 Esslöffel Maisstärke
- 2/3 Teelöffel Senfpulver
- Weißer Pfeffer (nach Geschmack)

Richtungen

a) Apfelwein, Zitronensaft und Zwiebeln bei mittlerer Hitze in Ihrem Fonduetopf erhitzen

b) Den Käse unter Rühren langsam hinzufügen

c) Maisstärke und Senf in 1/4 Tasse Apfelwein mischen

d) Die Mischung zum Käse geben

e) Nach Geschmack weißen Pfeffer hinzufügen

90. <u>Hawaiianischer Puddingkuchen</u>

Zutaten

- 1 große Packung (6 Portionen) Vanille-Instant-Pudding und Kuchenfüllung
- 2 Tassen Milch
- 2 Esslöffel geschmolzene Butter
- 1 Tasse gefrorener Schlagsahne, aufgetaut (ein 8-Unzen-Behälter entspricht 3 1/2 Tassen)
- 1 vorbereiteter (9 Zoll) Graham-Cracker-Tortenboden
- 1/2 Tasse geröstete Kokosraspeln (optional)

Richtungen

a) Bereiten Sie in einer großen Schüssel den Pudding gemäß den Anweisungen in der Packung zu und verwenden Sie dazu 2 Tassen Milch. Butter und Schlagsahne unterheben und die Mischung dann in den Tortenboden gießen.

b) 4 Stunden im Kühlschrank lagern oder bis es fest ist.

c) Bei Bedarf kurz vor dem Servieren mit gerösteter Kokosnuss belegen. Wenn Sie nur 4 Portionspackungen Vanillepudding zur Hand haben, öffnen Sie 2 davon, messen Sie ab und verwenden Sie 2/3 Tasse Puddingmischung.

91. Das Le Cordon Bleu

Zutaten

- 3 Äpfel
- Butter
- Zucker
- 3 Äpfel
- Aprikosenglasur
- 50 g Butter
- 50 g Zucker
- 1 Zitrone
- 50 ml Wasser

Richtungen

a) Den Backofen auf 180°C vorheizen. Arbeitsfläche mit Mehl bestäuben, Teig etwa 3 mm rund ausrollen. Rollen Sie den Teig auf dem Nudelholz auf oder falten Sie ihn in zwei Hälften und rollen Sie ihn dann locker über der Tarteform aus.

b) Den Teig mit den Fingern in die Form drücken. Formen Sie mit Daumen und Zeigefinger eine 1 cm breite horizontale Lippe um die Innenseite des Randes und rollen Sie dann mit dem Nudelholz über den Rand, um den überschüssigen Teig abzuschneiden.

c) Den Teigrand mit den Fingern in eine dekorative Form drücken. Mit einer Gabel den Boden des Teigmantels rundherum einstechen und 10 Minuten in den Kühlschrank stellen. Den Tarteboden blind backen, aus dem Ofen nehmen und abkühlen lassen.

d) Apfelkompott vorbereiten: Äpfel schälen und entkernen. Schneiden Sie die Äpfel in kleine Quadrate.

e) Die Butter ohne Farbstoff in einem Topf mit dickem Boden bei mittlerer Hitze schmelzen. Gehackte Äpfel, Zucker, Zitronensaft und Wasser hinzufügen.

f) Rühren Sie die Äpfel häufig mit einem Holzlöffel um, bis sie weich und goldbraun sind (ca. 20 bis 30 Minuten). Vom Herd nehmen und leicht abkühlen lassen.

g) Das Apfelkompott in die blindgebackene Tarteform geben.

h) Die restlichen Äpfel schälen und entkernen. Jeweils halbieren. Jede Hälfte flach auf eine Arbeitsfläche legen und kreuzweise einschneiden

i) 3 mm dicke Scheiben. Ordnen Sie den Apfel beginnend am Außenrand und nach innen zur Mitte hin an.

j) Mit der Rückseite eines Löffels weiche, mit Zucker vermischte Butter auf den Apfelscheiben verteilen.

k) Wickeln Sie Aluminiumfolie über den gekochten Rand der Tortenschale, um ihn beim Backen vor Verbrennungen zu schützen. Im Ofen etwa 25 Minuten backen oder bis die Äpfel zart und goldbraun sind. Herausnehmen und auf einem Kuchengitter abkühlen lassen.

l) Die Aprikosenglasur in einem kleinen Topf erhitzen. Streichen Sie vorsichtig über die Apfelscheiben, damit sie vollständig mit der Glasur bedeckt sind. Warm oder kalt servieren.

92. Köstliche Meyer-Zitronenriegel

Zutaten
Für die Kruste:

- 1/2 Pfund ungesalzene Butter, bei Zimmertemperatur
- 1/2 Tasse Kristallzucker
- 2 Tassen Mehl
- 1/8 Teelöffel koscheres Salz

Für die Füllung:

- Schale von 5 Meyer-Zitronen
- 1 2/3 Tassen Kristallzucker
- 4 extragroße Eier bei Zimmertemperatur
- 2/3 Tasse frisch gepresster Zitronensaft
- 2/3 Tasse Mehl, gesiebt
- Puderzucker zum Bestäuben

Richtungen

a) Heizen Sie den Ofen auf 350 °F vor. Butter und Zucker schaumig schlagen, bis sie leicht und locker sind. Mehl und Salz mischen und unter die Buttermischung mischen, bis eine gleichmäßige Masse entsteht.

b) Den Teig auf eine bemehlte Arbeitsfläche geben und zu einer Kugel formen. Den Teig flach drücken und in eine gut gefettete 9x13 große Backform drücken, so dass eine 1/2-Zoll-Kruste entsteht. 20 Minuten kalt stellen.

c) Backen Sie die Kruste 15–20 Minuten lang, bis sie ganz leicht gebräunt ist. Lassen Sie die Kruste abkühlen.

d) Für die Füllung die Schale der Zitronen abreiben und mit den Fingerspitzen mit dem Zucker vermischen, bis der Zucker leicht klumpig wird und duftet. Die Zuckermischung mit Eiern, Zitronensaft und Mehl verrühren, bis eine glatte und glänzende Masse entsteht.

e) Gießen Sie den Quark über die abgekühlte Kruste und backen Sie ihn 30–35 Minuten lang, bis die Füllung fest ist. Auf Raumtemperatur abkühlen lassen, bevor der Puderzucker darüber gesiebt wird. In Quadrate schneiden und servieren.

93. __Millionärskuchen__

Zutaten

- 1 Dose (20 Unzen) Ananasstücke in starkem Sirup, abgetropft
- 1 Tasse gehackte Pekannüsse
- 1 Dose (14 Unzen) gesüßte Kondensmilch
- 2 Esslöffel frischer Zitronensaft
- 2 Tassen gefrorener Schlagsahne, aufgetaut (ein 8-Unzen-Behälter entspricht 3 1/2 Tassen)
- 1 vorbereiteter 9-Zoll-Graham-Cracker-Kuchen
- Kruste

Richtungen

a) In einer großen Schüssel Ananas, Pekannüsse, gesüßte Kondensmilch und Zitronensaft vermischen. gut mischen. Den geschlagenen Belag vorsichtig unterheben.

b) Gießen Sie die Mischung in die Graham-Cracker-Kruste. Im Kühlschrank mindestens 6 Stunden oder über Nacht kalt stellen.

c) Mit zusätzlichen Pekannüssen und einem Spritzer Karamellsauce belegen, für eine echte „Millionärs"-Präsentation.

94. Orangen- und Sahnepops

Zutaten

- Abgeriebene Schale einer Orange. Kochzeit: 12 Minuten
- 1 Liter Vanilleeis, weich
- 1 Pint Orangensorbet, eingeweicht
- 10 Bastelstäbchen

Richtungen

a) Eine 9 x 5 Zoll große Kastenform mit Frischhaltefolie auslegen.

b) In einer mittelgroßen Schüssel die abgeriebene Orangenschale unter das weiche Vanilleeis rühren.

c) Die Hälfte der Vanilleeismischung auf dem Boden der Kastenform verteilen. Das Orangensorbet darüber verteilen und mit der restlichen Vanilleeismischung belegen.

d) Legen Sie die Bastelstäbchen in zwei Reihen im Abstand von etwa 5 cm in das Eis. Abdecken und einfrieren, bis es fest ist.

e) In 10 Pops schneiden und servieren. Eventuelle Reste abdecken und eingefroren aufbewahren.

95. Rosa Limonadenkuchen

Zutaten

- 1 (8 Unzen) Packung Frischkäse, weich
- 1 (6 Unzen) Behälter gefrorenes rosa Limonadenkonzentrat, aufgetaut
- 1 (8 Unzen) Behälter mit gefrorenem Schlagsahne, aufgetaut
- 4 Tropfen rote Lebensmittelfarbe (optional)
- 1 (9 Zoll) vorbereiteter Mürbeteigkuchenboden

Richtungen

a) In einer mittelgroßen Schüssel den Frischkäse glatt rühren. Limonadenkonzentrat hinzufügen und verrühren, bis alles gut vermischt ist. Den geschlagenen Belag und die Lebensmittelfarbe unterrühren, falls gewünscht.

b) In den Tortenboden geben und 20 Minuten einfrieren. Servieren oder abdecken und bis zum Servieren kalt stellen.

96. **Brezel Stangen**

Zutaten

- 12 Unzen gehackte halb- oder bittersüße Schokolade
- 2 Dutzend große oder kleine Brezelstangen
- 12 Unzen gehackte weiße Schokolade

Richtungen

a) Die halb- oder bittersüße Schokolade im Wasserbad oder in der Mikrowelle schmelzen, bis eine glatte Masse entsteht. Tauchen Sie die Brezelstangen hinein

b) Schokolade und bedecken Sie jeden Stab mit einem Löffel bis auf 5 cm. Lassen Sie überschüssige Schokolade abtropfen und legen Sie die Brezelstangen dann auf ein mit Backpapier ausgelegtes Backblech. Sobald alle Brezeln eingetaucht sind, mindestens 15 Minuten in den Kühlschrank stellen.

c) Die weiße Schokolade langsam schmelzen, entweder im Wasserbad oder in der Mikrowelle. Geben Sie die Schokolade in einen Ziploc-Beutel und schneiden Sie dann ein kleines Loch in eine der unteren Ecken, um einen Spritzbeutel zu formen.

d) Zwei kleine Punkte aufspritzen, um die Augen der Mumie zu formen. Dann kreuz und quer über die Brezel spritzen, um die Bandagen der Mumie zu bilden, dabei einen kleinen Raum für die Augen lassen und dort aufhören, wo die dunkle Schokolade aufhört. Fügen Sie Bandagen für den Kopf über den Augen hinzu.

e) Weitere 30 Minuten auf den Backblechen kühl stellen und dann zum Aufbewahren des Essens in einen luftdichten Behälter umfüllen.

97. <u>Schneekegel für Erwachsene</u>

Zutaten:

Einfacher Syrup

- 1 Tasse Kristallzucker
- 1 Tasse kaltes Wasser

Schneekegel

- 1 Tasse Roséwein
- Tasse einfacher Sirup 5 Tassen Eis

Richtungen

a) Machen Sie den einfachen Sirup: Geben Sie den Zucker und das Wasser in einen luftdichten Behälter, decken Sie ihn ab und schütteln Sie ihn, bis er sich aufgelöst hat (oder erhitzen Sie den Zucker und das Wasser bei mittlerer Hitze in einem kleinen Topf und rühren Sie, bis er sich aufgelöst hat; dann abkühlen und abkühlen lassen, bevor Sie ihn verwenden).

b) Bereiten Sie den Schneekegel zu: Geben Sie den Rosé, den Zuckersirup und das Eis in einen Mixer und pürieren Sie ihn, bis er glatt und locker ist. Halten Sie dabei den Mixer gelegentlich an und kratzen Sie bei Bedarf mit einem Gummispatel die Seiten des Mixbehälters ab.

c) In Pappbechern, Schnapsgläsern oder kleinen Schüsseln gestapelt servieren.

98. Mokka-Fondue

Zutaten

- 8 Unzen halbsüße Schokolade
- 1/2 Tasse heißer Espresso oder Kaffee
- 3 Esslöffel Kristallzucker
- 2 Esslöffel Butter
- 1/2 Teelöffel Vanilleextrakt

Richtungen

a) Schokolade in kleine Stücke schneiden und beiseite stellen

b) Espresso und Zucker im Fonduetopf bei schwacher Hitze erhitzen

c) Unter Rühren langsam Schokolade und Butter hinzufügen

d) Vanille hinzufügen

e) Optional: Einen Spritzer Irish Cream hinzufügen

f) Zum Dippen: Angel Food Cake, Apfelscheiben, Bananen, Erdbeeren, Rührkuchen, Brezeln, Ananasstücke, Marshmallows

99. <u>Tiramisu</u>

Zutaten:

- 1 Pfund Mascarpone-Käse, wirklich frisch
- 1 große Dose dunkle Kirschen (entsteint) in Sirup (mindestens 2/3 Tasse Flüssigkeit) 1/4 Tasse Kristallzucker
- 2T Rum, plus
- 1/3 Tasse Rum gemischt mit Wasser und etwas Kristallzucker
- 24 Damenfinger

Richtungen

e) Käse, 1/4 Tasse Kristallzucker und 2T Rum vermischen. In 3 gleiche Teile teilen

f) Legen Sie 8 Kekse nebeneinander in eine Kastenform, die mindestens groß genug ist, um sie aufzunehmen. Gießen Sie 1/3 des dunklen Kirschsafts aus der Dose über die Kekse und verteilen Sie ihn gleichmäßig. 1/3 der Käsemischung über die Kekse schichten.

g) Weitere 8 Kekse nebeneinander über die Käsemischung legen. Diese Keksschicht mit der Rummischung tränken. Ein weiteres Drittel der Käsemischung über die Kekse schichten.

h) Weitere 8 Kekse nebeneinander über die Käsemischung legen. Tränken Sie diese Keksschicht mit der restlichen 1/3 Tasse dunklem Kirschsirup aus der Dose. Das letzte Drittel der Käsemischung über die Kekse schichten.

i) Mit den zusätzlichen Kirschen garnieren.

100. Türkisches Entzücken

Zutaten:

- 2 Tassen (1/2 Liter) Kristallzucker
- 1 1/4 Tassen (300 ml) Wasser
- 1 Zitrone, die Schale in Streifen schneiden, den Saft auspressen und abseihen
- 1 Orange, die Schale in Streifen schneiden, den Saft auspressen und abseihen
- 4 Esslöffel (60 ml) geschmacksneutrales Gelatinepulver
- 2 Esslöffel (30 ml) Puderzucker
- 1 Esslöffel (15 ml) Maisstärke

Richtungen

a) Den Kristallzucker bei mittlerer Hitze in der Hälfte des Wassers auflösen. Die Zitronen- und Orangenschalenstreifen sowie den Saft dazugeben.

b) Die Mischung zum Kochen bringen und 15 Minuten köcheln lassen. Machen Sie die Gelatine weich, indem Sie sie 5 bis 10 Minuten lang im restlichen Wasser einweichen. Die Gelatine unter gutem Rühren zum Zuckersirup geben und 10 Minuten kochen lassen, bis der Sirup das Fadenstadium erreicht

c) Die Mischung in eine flache, angefeuchtete Pfanne oder auf Teller abseihen und 24 Stunden ruhen lassen. Schneiden Sie die Süßigkeiten in 2 1/2 cm große Quadrate. Den Puderzucker und die Maisstärke zusammen in eine flache Schüssel sieben.

d) Die Bonbonstücke in der Mischung wälzen. Lagern Sie die Quadrate in Schachteln mit mehr Puderzucker und Maisstärke zwischen den einzelnen Schichten.

ABSCHLUSS

Wir hoffen, dass es Ihnen Spaß gemacht hat, Die ultimative Frischvermähltenküche zu erkunden und neue Rezepte zu entdecken, die Sie mit Ihrem Partner genießen können. Gemeinsames Kochen ist eine großartige Möglichkeit, Kontakte zu knüpfen und Erinnerungen zu schaffen, die ein Leben lang anhalten.

Denken Sie daran, Kochen ist eine Reise und wir ermutigen Sie, mit neuen Zutaten und Geschmacksrichtungen zu experimentieren. Haben Sie keine Angst, Fehler zu machen und daraus zu lernen. Und das Wichtigste: Viel Spaß in der Küche!

Wir hoffen, dass Die ultimative Frischvermähltenküche dazu beigetragen hat, dass das Kochen für Sie und Ihren Partner angenehm und stressfrei ist. Auf ein glückliches und gesundes Zusammenleben!